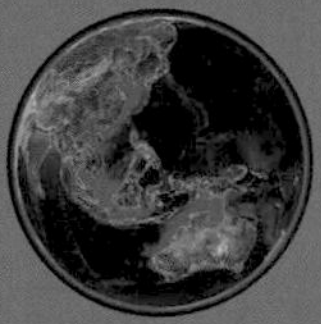

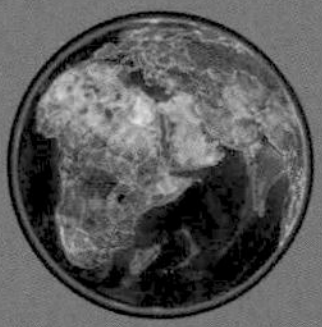
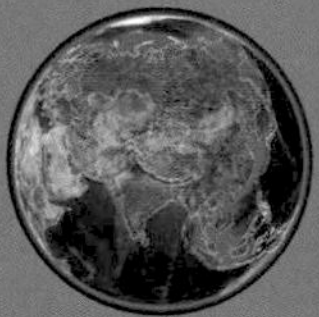
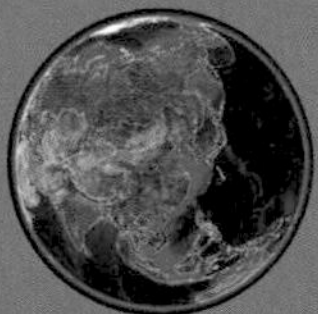

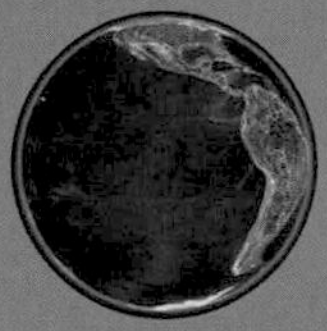
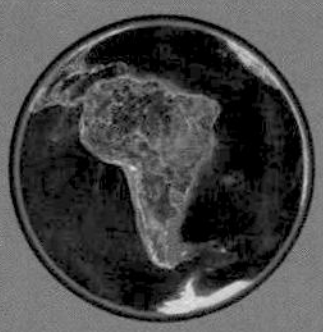
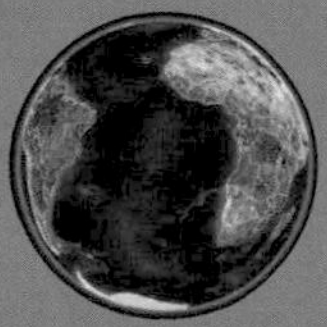

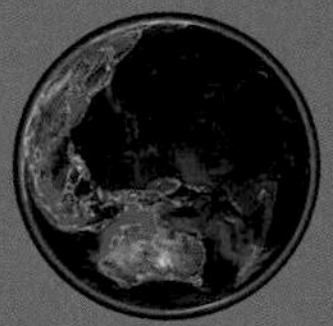

地理課沒教的事2

用Google Earth穿越古今

廖振順 著

推薦序

完成探索世界夢想的一本書

臺北市立萬芳高中校長　楊萬賀

何謂「地理」？教育部重編國語辭典：「地理是山川土地的環境形勢。《周易・繫辭上》：『仰以觀於天文，俯以察於地理。』地理是研究地球表面現象、行政區劃等情況的科學。《舊唐書・卷一九二・隱逸傳・孔述睿傳》：『述睿精於地理，在館乃重修地理誌，時稱詳究。』」而在《大英百科全書》中，對於「地理」所下之定義如下：geography, the study of the diverse environments, places, and spaces of the Earth' s surface and their interactions; it seeks to answer the questions of why things are as they are, where they are.

我們可從上述的定義得知，地理是一門描述和分析發生在地球表面上的自然、生物和人文現象的空間變化，探討它們之間的相互關係及其重要的區域類型的學問。

在傳統的教育體系下，吾人學習到的地理知識，不外乎從地理教科書或史書中的地理誌而來，多是一種抽象描述的概念，獲得教育部教學卓越金質獎的廖振順老師擅長使用 Google Earth 製作地理課程之輔助教材，使用免費又簡單的強大工具軟體，將所有地理課本上的文字轉換成全新的3D動畫，將所有抽象的概念一一具體化。短短的幾分鐘之內，就能夠帶領讀者們遨遊天際、環遊世界，這就是廖振順老師的魅力所在！

一本書裡，就讓你完成探索世界的夢想！本人非常樂意再次推薦廖振順老師的新作——《用 Google Earth 穿越古今：地理課沒教的事 2》，這本書不但延續了上一本《地理課沒教的事：用 Google Earth 大開眼界》的精采內容，更增添了歷史、人文、新知及環保意識等，內容更加生動活潑、包羅萬象，此書格局之大，跨越古今，充滿科學與人文知識，期盼廖老師的新作能夠再次帶給學生及社會人士，有別與以往的世界觀！

「站在廖振順老師的肩膀上看世界，你將看得更高、更遠！」

推薦序

中國文化大學地理系
系主任兼理學院院長　盧光輝

跨越四度空間的新視野

Google Earth 讓人們用不同的方式看地球至今已逾二十年，過去人們對於地圖的認知，總是拘泥在比較地圖的精細度而已。Google Earth 的推出，打開了瀏覽者與使用者的新視野。

透過 Google Earth，一般人可以輕易地移動滑鼠瀏覽我們所居住的地球，由住居所在地環遊到嚮往的另一個角落。

透過不同選項及圖示的開啓，檢閱自身住所的影像圖，瞭解時間於地球上留下的痕跡。Google Earth 不只能讓一般民眾於彈指之間上地理課，其運用領域也極廣泛，除了自然與生活科技領域之外，在社會、人文與歷史等皆可應用。

本書作者廖振順老師以他的專業及歷年蒐集的資料、Google Earth 照片，深入淺出地剖析古往今來各種演變，以三個主要面向呈現在讀者眼前：

1. 時空軌跡面向：介紹孔子周遊列國的路線、郁永河來臺《裨海紀遊》的足跡，以及臺北古城發展的都市變遷。

2. 時空互動面向：介紹土地開墾利用與天然地形、環境汙染的微妙關係。

3. 時空物語面向：以影音動畫配合 Google Earth，介紹與地理學有關的氣候、人文、區域發展。

透過上述的面向闡述，本書讓讀者的視野不再局限在三度空間，而進一步擴展至包括時間的四度空間觀察。以嶄新的視野，活化閱讀及理解地理知識。可讀性與珍藏價值極高，故特為推薦。

推薦序

引爆地理科學的熱情

臺灣大學海洋研究所副教授　宋國士

廖振順老師在高中地理界早已小有名氣，他的第一本書《地理課沒教的事：用 Google Earth 大開眼界》，是誠品二〇一二年的暢銷書，從書中可以看到廖老師在教學上的熱忱。他的熱忱從願意花時間使用 Google Earth 去製作「小林村滅村始末」以及「日本規模9級大地震」的動畫短片更能看得出來，他讓多數閱聽者能夠很快瞭解災難的肇因，最主要更是想讓他的學生因特殊的教學方式而有所受惠。

廖振順老師的第二本書《用 Google Earth 穿越古今：地理課沒教的事2》，延續上一本的精采內容，選擇了更有趣的課題：在歷史範疇裡，除了講述古今中外，從兩千五百年前孔子周遊列國，談到臺北城百餘年來的演變；在地理景觀上，更從遙遠的非洲，談到中國的西藏、雲南交界，再講到閩南客家土樓獨特的建築景象；在科學論述裡，談到自然界的洋流、氣溫以及風場問題。

這些豐富的內容，在廖振順老師的細心安排下，使用衛星影像或照片，教大家如何利用 Google Earth 的材料，輕易地看出先後發生在地球上、屬於大家的故事。這本書內容簡單明瞭，讓大眾得以清楚地瞭解何謂地理、地理和地球景觀的關係，再由宏觀俯瞰地球的視野進而愛上地理科學。

作者序

開啟課堂上的學習興味

廖振順

十年長嗎？太陽只要出來三千六百五十次，十年就過了；人生長嗎？十年重複過八次左右，一生大約就到了盡頭。我在校園裡看著學生和老師來來去去，看著花草生生滅滅，學校的校史愈記愈長，而我的頭髮愈來愈白。

「孩子，不是你學不會，是我還沒有找到教會你的方法！」這是教育前輩留下來的名言，也是一句令人印記在心中的座右銘，這句話可拿來當作老師的高標準。不過在教育現場，確實曾見過老師對著學生大罵：「我從來沒教過你這麼爛的學生！」被罵的學生不見得記得開罵的老師三年來到底教了他什麼，但是一定記得被罵的這句話。或許，「孩子，不敢說我教了你什麼，不傷害你學習的興味應該是我堅持的原則。」這句話可當作老師的低標準。

還記得三十年前電腦連磁碟機都沒有，而今資料在雲端高來高去，口袋裡的iPhone 5比三十年前臺灣大學整個學院的迷你級電腦還要快，平板電腦隨時免費取用三十年前視為極機密的衛星影像……這一切的變化是如此巨大，但是手邊的教材形態似乎仍在醞釀當中。在如此巨變之中，如何提升學習的興味是個動態爭辯的過程，就像數位相機與傳統銀鹽底片相機之爭一樣，最終底片的堅持漸弱，焦點反而變成相機形態的改變。紙本書與電子書也有熱烈的討論，不論最後的發展如何，大量而多元的嘗試，總是會對書本的發展留下痕跡。

前一本書《地理課沒教的事：用 Google Earth 大開眼界》是筆者嘗試運用 Google Earth 來呈現地表山川的奧妙和趣味，收到大量朋友在 Facebook 上的留言鼓勵。筆者這次再嘗試將一些歷史事件和地表的人文變化，用適當的古地圖或統計資料套疊在今日的衛星圖上，再加上適當的標註與解說，讓讀者可以方便而快速的瞭解古今變化。

當然傳統紙本的呈現總是有其限制，於是用 Google Earth 製作虛擬的立體空間飛覽動畫影片，可以在極短的時間內，創造出廉價的空拍效果，再配合影片後製，可以盡情地「說故事」！這些影片放在 Youtube 中，再將網址連結製作成 QR code，讀者可以利用智慧型手機或是平板電腦拍攝 QR code，就可以方便地連結到影片，擴展紙本書無法表達的訊息。將文字、圖片、影音組合在一起，目前最好的呈現方式應該是電子書，現有的電子書比較偏向圖檔掃描，影音互動的電子書數量不多，要發展到教學更加困難，若是臺灣的 iBookstore 開放後，以 iBooks Author 界面的親和易用，相信出現大量優質互動式電子書，應是可期待的願景。

E化教學是個提倡多年的教育目標，教學現場在這個目標上遭遇到最大障礙就是管理困難、內容缺乏和網路頻寬不足。已有些積極的學校在努力開創E化教學環境，實施初期最常見的問題就是管理，總不能看著運動場上空蕩蕩，而教室內一堆學生在玩憤怒鳥吧！管理可以透過規則訂定，慢慢形成規矩，內容缺乏就很棘手了，弄一堆平板電腦還算容易，可是內容呢？優質的教學內容不是一蹴可及的，需要大量人力、時間的累積和適當的遊戲規則才行。另外，網路頻寬不足，甚至根本沒有無線網路環境，是目前各校園的共同狀況，這樣的實況可能讓很多人感到意外，甚至覺得不可置信，但這就是真實的現況。

沒有網路的電腦感覺就像一座孤島，國外大學大力開展線上開放教學，民間非營利組織ＴＥＤ錄製五千多場精采演講，免費提供觀看，Youtube 裡面也有世界各地熱心人士製作的各式教學資源，這些精采豐富的資源，若沒有足夠寬頻的網路，在教室裡只能徒呼奈何，當然可以預先下載，但這樣就像是播放影片一樣，課堂裡缺乏互動。所有的客觀條件都在成形中，最後也都會愈趨成熟完美，差別只在於時間的長短。

目錄

推薦序

作者序

I 時空軌跡

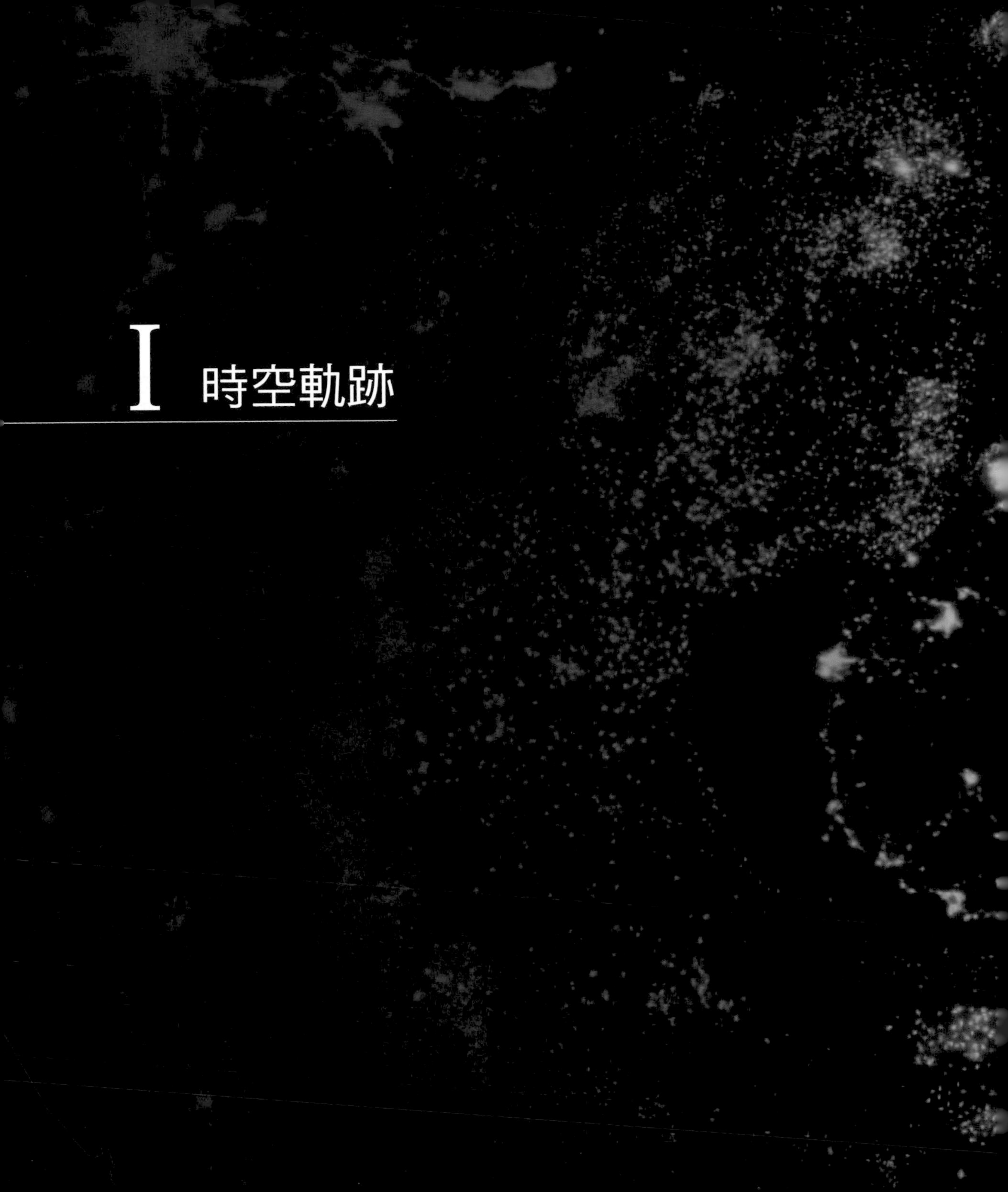

I 時空軌跡

01 時光回溯臺北城

↑【圖 1】日本人占領琉球王國後，隔兩年就藉著「保民」的理由，派三千六百名官兵進攻臺灣，此舉一方面可以測試清朝廷對臺灣的態度，一方面也可以藉此減少失業武士的數量，降低國內派系間的矛盾壓力。

每個人記憶中的臺北有不同的面向，也有共同的回憶，四十多歲以上的臺北市民，年輕時搭火車回到臺北，一看到西門町閃爍的霓虹燈和鐵道旁擁擠的中華商場，就知道「到家了」。一九九二年，歷經三十一年歲月的中華商場不可避免地曲終人散後，這樣的場景成了記憶的一部分。

再往前追溯，臺北曾有個「城」，名為臺北府城，從一八七九年開始規劃，一八八二年動工，耗費三年時間建成（一八八四年完工），前後共花了六年興建，但是臺北城卻從未發揮抵禦敵人的功能，而且壽命只有短短二十年，就在一九〇四年被日本人給拆了。如此命運坎坷又歷時短暫的城，卻留下了四個城門提醒後人它曾經存在的事實。

⊕偶然與必然

臺北為何會建城呢?要從一八七九年的時間點再往前回溯:一八七一年琉球王國宮古島有一艘船去國王所在地的沖繩島首里城進貢,回程途中不幸遇到颱風,竟然一路被吹到臺灣東南沿海的九鵬灣(當時稱為八瑤灣);然而厄運尚未結束,登岸後,其中五十四人被排灣族人殺了,只有十二人大難不死,被漢人營救,並護送到臺灣府(設在臺南),清朝官員將他們送至福州的琉球使節接待中心,接著再安排回國。

隔年(一八七二年),日本增兵進占琉球,宣稱琉球群島是日本國土,正式侵占琉球;再隔年,日本外務卿拿此事作文章;又隔年,陸軍中將西鄉從道不理會日本政府的暫停出兵命令(內政派系矛盾),率領三千六百名官兵前往臺灣,在屏東社寮(今射寮)登陸,向石門方向進攻(圖1),原住民不敵敗逃,日軍開始掃蕩部落、焚燒住屋,而後退回龜山長期駐軍。史上稱為「牡丹社事件」。

清朝反應迅速,數日後立刻派沈葆楨前來,接著派遣六千五百名官兵赴臺,日本於是拉攏英、美施壓談判,簽約中有一條文成了關鍵:要求清朝承認日軍此舉是「保民義舉」。既然是保民,豈不是等於也承認了琉球是日本的領土了!清朝此時當然已深刻體會到日本侵臺的意圖,也就促成了牡丹社事件發生五年後臺北城的規劃。

↑【圖 2】臺北城是中國最後一個風水城，岑毓英主張朝著正北，所以有如同重慶南路般南北向的街道；劉璈主張要背靠祖山，因此城牆的方位順時針向東轉了十七度，之後有些如同延平南路的道路則與城牆平行。

最後一個風水城

兩百二十多年前，大量福建泉州人跨海移民進入臺北盆地，沿著淡水河深入內地，最後選在艋舺落戶生根。七十年後，居民開始出現利益衝突，同為泉州的三邑人和同安人展開械鬥，同安人落敗，只好另謀發展，因而轉往大稻埕經商。

牡丹社事件同一年（一八七四年），臺北府成立，廣東大埔人林達泉就任第一任知府。經過實地探勘之後，決定在艋舺與大稻埕之間建臺北城，但是林知府三月到任，十月驟逝，接任者為河南人陳星聚。

陳知府在位七年，臺北城就是由他和福建巡撫岑毓英以及臺灣兵備道劉璈實際參與監造完成，這三位先生都相信風水，但是見解卻有些不同。岑毓英主張要朝著正北，所以一開始建造的主要

←【圖 3】將臺北城的東西牆加以延伸，七星山和紗帽山就位在這兩條白線之間，紗帽山在前，七星山在後，層疊而上，這就是劉璈設定的背靠祖山風水觀。

街道都是南北向（例如今之重慶南路）；劉璈主張要背靠祖山（臺北盆地最高峰七星山），因而在建造城牆時，把方位順時針向東轉了十七度，導致城牆無法與原先的主要道路平行，而平行西側城牆的後建道路（例如今之延平南路）也無法與主要道路平行（圖2）。

中國人的空間觀

中正紀念堂大門前那條路是中山南路，這一段路正中央就是以前臺北城的東城牆；順著道路往北瞧，更精準地說應該是往北偏東十七度，將會發現中山南路極目遠望恰巧是紗帽山和七星山頂，紗帽山在前，七星山在後，層疊而上，這就是劉璈所設定的背靠祖山（圖3）。

中國人的風水觀來自於生活經驗和對環境的認識，人們觀察到冬天的風又強又冷，夏天的風溫和涼爽，帶有濕氣；還觀察到崎嶇山區多雨，平坦地面少雨，注意到全年任何時候，太陽都是偏向南方；更發現河邊凸出的河岸平坦、肥沃，而且灌溉便利。

這些觀察歸納出幾個原則，首先，房子要朝南，可以擋住冬天寒風，又可以讓夏天徐風帶走熱氣和濕氣；其次，房子後面若是有山腳或山丘更可以加強冬天擋風的效果，而夏天則可以攔下雨水，若是房子左右兩側也有小山丘，效果就更棒了；再其次，門前若有一彎河水如同腰帶般橫過，就意味著房子蓋在河的凸岸，非常利於農田開墾。簡單地說，這就是風好、水好，所以稱為風水好。

風水的概念基本如此，是老祖先的生活智慧，並沒什麼神祕之處，後來的風水學愈搞愈玄祕，則是已傾向心理學層次了。例如在家中某個方位的牆角放錢幣，就可以帶來財富，對這樣的說法若能深信不疑，讓人增加信心之後，使得事情變得更加順利，也就有心靈強化的效果。

古今變遷

臺北城的城內建設，初期偏在城之西北（其實也沒有後期了），因為當時臺北的兩大繁榮地區——大稻埕和艋舺位在城北和城西，聯絡上比較方便；而城內南側則比較荒涼，只有文廟和武廟，以及軍械局（現已不復存在）。

文廟和武廟就坐落在今臺北市立教育大學和北一女中的交界；軍械局位在小南門進來的路上，即今之延平南路，而中國文化大學大新館和東吳大學城中校區就位在早已消失的軍械局位置上。

順著延平南路再向北三百公尺，路旁有番學堂、西學堂和登瀛書院，登瀛書院原本位在臺北城東北角的考棚內，後來搬遷到此；日本人來了以後，一九〇六年就將其拆除了。

↑【圖 4】臺北城的文廟、武廟，今已成為臺北市立教育大學和北一女中。軍械局則成了中國文化大學大新館和東吳大學城中校區。過去的番學堂、西學堂和登瀛書院，今則成了婦聯總會、婦聯會幼幼中心和國防部博愛大樓。

全臺書院有六十二座，叫登瀛書院的有三座，宜蘭和草屯各有一座，非常難得都保存完好至今。如今學堂和書院同一個位置上有婦聯總會、婦聯會幼幼中心和國防部博愛大樓（圖4）。學堂和書院就在西門街民房的後緣，離西城門僅有兩百三十公尺，學童上學不但交通便利，而且環境清幽。

臺北府署和巡撫衙門的選址都是以接近北門承恩門（上承天恩）為原則，而臺北城內占地最大的官府機構，就是臺北府署（約兩公頃），占地面積約略與現今臺北火車站地上主建物相當，而臺北府署建物的中心點大致位在今之懷寧街與開封街一段交叉路口（圖5）。

占地面積排第二的為巡撫衙門（一．五公頃），位置在今之武昌街的臺灣銀行向北延伸到開封街一段。巡撫衙門隔一條武昌街的對面就是布政使司衙門，即今之中山堂廣場前方的一排樓

↑【圖 5】臺北府署是臺北城內占地最大的官府機構，約略與今臺北火車站地上主建物面積相當。臺北府署舊照是在今之重慶南路上拍的。

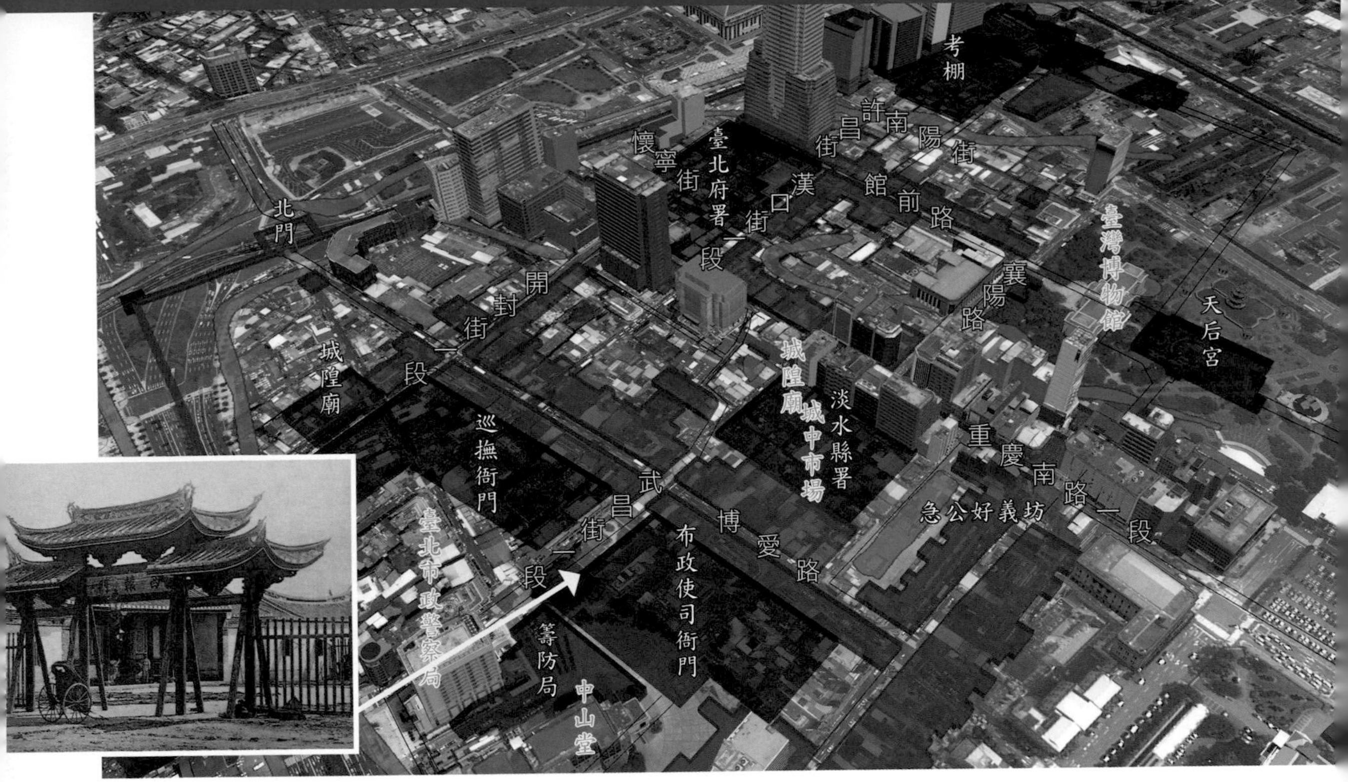

↑【圖6】巡撫衙門在今之武昌街的臺灣銀行向北延伸到開封街一段。巡撫衙門的對面就是布政使司衙門。

房處。

幾年前，臺北市政府在武昌街上立了一塊「巡撫衙門舊址碑」（25°2'38.75"N，121°30'37.59"E），這個點位在巡撫衙門和布政使司衙門之間，而且沒有附上地圖，看到這塊碑的人應該搞不清楚巡撫衙門到底在哪裡（圖6）。

布政使司也許多數人覺得很陌生，但大家都應該聽過其中一位布政史，那就是大名鼎鼎的唐景崧。唐先生後來升任巡撫，運氣不好碰到臺灣割讓給日本的時機，如果他因此奉命離開臺灣，倒也沒人會怪他；偏偏他答應鄉民擔任臺灣民主國的首任總統，卻在不到十天後從淡水搭德國籍輪船鴨打號逃到廈門，相對於他的部屬劉永福繼續對抗日軍，唐先生的作為實在不夠光采。

從巡撫衙門舊址碑往東走，到了武昌街一段十四號，這裡有間城隍廟（25°2'38.50"N，121°30'45.68"E），城隍廟到

↑ 巡撫街洋樓

→【圖 7】日本人拆了巡撫衙門、城隍廟之後，開闢了一條新路，就是今之延平南路，這條新路過去稱為巡撫街，巡撫街上還有一棟碩果僅存的「巡撫街洋樓」。

旁邊城中市場的範圍，大致就是以前淡水縣署的後背，向南延伸到沅陵街則是淡水縣署的大門，大門前過去還有個風水池。

城隍廟怎麼會與淡水縣署互相重疊呢？原來的城隍廟並不在這裡，而是在現今延平南路與開封街一段的交叉路口旁邊。日本人為了開闢新道路，將原來的廟給拆了（圖7），信眾將主神迎到松山，而後再遷到現址。城隍廟旁邊城中市場的「城中」二字，用今日的臺北市地圖來看，不太看得出位居城中央的位置；但是用清朝時臺北城的觀點來看，就非常明白了。城中市場對面有條小巷子（照片1），把臺北城古地圖疊在Google Earth上時，發現這條毫不起眼的巷子與清朝時臺北城古圖裡的道路相吻合，真是有趣極了（圖8）。

二二八公園裡有間臺灣博物館，博物館到後面的圓形水池，大約就是當年臺北城內天后宮的位置（圖9），這座天后宮占地面積是今日臺灣博物館的兩倍，規模可不小。日本人為了蓋博物館，把天后宮給拆了，裡面的主神媽祖移

↑【圖 8】淡水縣署坐北朝南，大門前過去還有個風水池，縣署後面的城隍廟是後來遷建的，原來的城隍廟在臺北城西北角。

↑【照片 1】城中市場北側入口處斜對面有條小巷子，在臺北城古地圖上就已經存在了。

今急公好義坊的位置
原急公好義坊的位置
重慶南路一段
天后宮
臺灣博物館
襄陽路
Image © 2012 GeoForce Technologies
Image © 2012 DigitalGlobe
Google earth

→【圖 9】天后宮曾是臺北城中最大的廟宇，占地面積是今日臺灣博物館的兩倍，日本人拆了天后宮，蓋了博物館，而廟裡的主神媽祖移到了三芝鄉福成宮。急公好義坊也為了拓寬道路而搬遷到二二八公園內。

↑【照片 2】看似不起眼的歷史遺跡。

到了今之三芝鄉福成宮（25° 15'24.77"N，121° 30'4.97"E）。

而今日博物館後面還留有一些殘存的遺跡（照片2）！時光飛逝，偶爾打從這裡走過的人們，眼神不經意地掠過這些毫不起眼的斑駁石塊，定然沒想到，被拿來當小椅子坐的歷史痕跡，曾經有過一段短暫的光輝歲月。

臺北城東北角有個給科舉考試用的考棚，當年臺灣考區只有一個臺南考場，臺北人要去考試得走（有錢的話可以坐牛車）三百公里到臺南府城。劉銘傳想建考棚造福地方，正巧有位自幼隨父母來臺定居的福建泉州晉江人洪騰雲，決定捐地又捐錢以成其事，劉銘傳感動之餘，奏請朝廷建坊獎勵，於是在一八八八

軍械局
登瀛書院
西學堂
番學堂
布政使司衙門
西門
中山堂
籌防局
國防部博愛大樓
衡陽路
淡水縣署
城中市場
城隍廟
巡撫衙門
武昌街一段
延平南路
城隍廟
重慶南路一段
急公好義坊
天后宮
臺灣博物館
博愛路
重慶南路一段
開封街一段
漢口街一段
臺北府署
懷寧街
南陽街
洪騰雲宅
考棚

↑ 小南門

↑ 大南門

↑ 東門

→【圖 10】臺北城東北角原有個給科舉考試用的考棚，今日旁邊就是補習班林立的南陽街，真是巧合到不行。考棚是洪騰雲捐地又捐錢蓋起來的，劉銘傳因而奏請建「急公好義坊」，洪騰雲在臺北城內的宅子緊鄰在考棚旁邊，後來宅子及鄰近的土地被日本人徵收，部分拿來拓寬成今之公園路。

→ 北門

被拆除不復存在的西門

臺北城的五個城門，西門是第一個建成，也是最後一個被拆除的。其他四個城門今日雖然還在，但是東門、大小南門都被改過，只有北門完全保留原來的樣貌，不過現在的北門上有高架，中有圓環，下有捷運通道，豈是一句「滄海桑田」能道盡感慨？

年「急公好義坊」落成，原來位置在清朝石坊街（今之衡陽路，25° 2'32.27"N，121° 30'46.46"E），後來日本人為了拓寬石坊街，把急公好義坊搬遷到新公園（現名臺北公園或二二八紀念公園）內，位置就在露天音樂臺左側（25° 2'28.03"N，121° 30'51.51"E）（圖10）。熱心公益的洪騰雲後代可不得了，近一百年來的子孫不是醫師，就是老師，傑出者眾。

臺北考棚的位置中心約在今之許昌路和公園路的交叉口，這裡與現今生意強強滾的補習街緊臨，真是地理風水古今一貫呀！考棚南邊相鄰處，洪騰雲仍有土地，也有他在城內的宅子，位置就是今之中央健康保險局大樓（25° 2'40.56"N，121° 31'1.17"E），後來宅子及鄰近的土地被日本人徵收，部分拿來拓寬成今之公園路。

坐標點

書中所附的坐標點，若是讀者有興趣用 Google Earth 或是 Google Map 查找，在輸入座標時有個小技巧，就是不必打度分秒那些鍵盤上沒有的按鍵，所有的度、分、秒全用空格替代就可以了，緯度與經度之間也用空格取代就搞定了。例如 24° 35'37.47"N，117° 2'30.72"E，可直接輸入 24 35 37.47 N 117 2 30.72 E，Google Earth 或 Google Map 就懂啦！

02 孔子壯遊天下

↑【照片 1】二〇〇九年重修孔子世家譜，總量達到一百五十四冊。

孔子不姓孔

孔子的父親叫叔梁紇，你是否不免心生疑惑，孔子的父親為何不姓「孔」呢？難道姓「叔」嗎？當然不是。孔子的父親其實姓「子」，孔子出生時也是姓子。很驚訝嗎？別急，讓我們繼續看下去！

春秋戰國時期的社會是奴隸制，奴隸當然不會有姓氏，一般人民也沒有姓氏，當時「百姓」指的是貴族，只有貴族才能擁有姓氏，根據清代大儒顧炎武的說法，春秋時期只有二十二個姓，而且沒有「孔」這個姓。

春秋時期姓氏的用法和現今也不一樣，簡單地說，當時人們對彼此的稱呼沒有一定的規則。原則上姓大於氏，一個宗族有一個姓，繁衍開來就有了分支，這些分支就稱為氏，而女子稱姓，男子稱氏（當時命名毫無章法，姓、氏使用與男女地位高低無關），叔梁紇的名號是直接由字（叔梁）和名（紇）所組合，這種情況在當時很常見。孔子時用氏名（孔）為名號，他的後代子孫孔鯉、孔伋、孔白都用氏名，後來氏變成了姓，也可以說，「孔姓」是從孔子開始固定下來的。

二〇〇五年金氏世界紀錄新增了一項紀錄，將「孔子世家譜」（照片1）列為「世界最長家譜」。孔氏世家譜原本不記錄旁支，全族家譜始於宋朝元豐甲子年（西元一〇八四年），清康熙以後每三十年一小修，六十年一大修，最新修纂的族譜於二〇〇九年出版，共分四集一百零八卷，總計達驚人的一百五十四冊。由於考核細緻嚴密，而且時間長達兩千五百年（西元紀年到現在也不過兩千出頭），不論是研究人口學、社會學、宗法制度等，均提供了珍貴的價值，當然更是一份屬於全人類的文化襲產。

⊕ 孔子是巨人？

根據古籍記載，有人認為孔子身高二二二公分（著名華裔籃球明星姚明身高是二二九公分），這種身高在當時來看，精通六藝的孔子顯然是得了巨人症。孔子的身高有多高這件事爭論許久，一直是個難解而有趣的謎題，而解開謎題的關鍵，直到二〇〇二年才浮現。

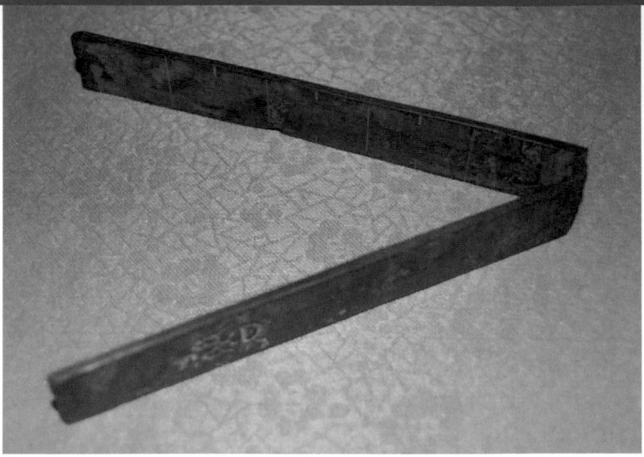

→【照片 2】一九八五年，山東萊蕪某戶人家建造房屋時挖掘出一把銅尺，長度為二〇．五公分，是春秋時期魯國專用的度量單位，即魯尺。尺分十寸，每寸二公分多一點，和今日的尺寸不相同。

那一年，中國立法允許老百姓可以合法收藏古代文物，於是開始有些精緻的文物浮上檯面，其中一項物品是解開孔子身高之謎的關鍵性鑰匙，那是一支春秋時期魯國通行的折疊銅尺（照片2）。司馬遷在《史記．孔子世家》裡說孔子的身高有九尺六寸，而挖掘出土的春秋時期魯國銅尺顯示一尺是二〇．五公分，因此可推算出孔子的身高是一九六．八公分，雖然仍算是高個子，但高得很合理。據推估，當時人們的普遍身高是一百六十餘公分，孔子站在人群中總是鶴立雞群，非常醒目。

走過繞臺灣兩圈的距離

眾所皆知，孔子有三千弟子，其中公認七十二位賢人，孔子帶著一群學生到處趴趴走，是進行校外教學嗎？還是知性之旅呢？其實都不是，若依照現代人的觀念，倒是比較接近「壯遊」，即胸懷壯志地周遊各地。

兩千五百年前，整個中原世界大亂，到處可見瘋狂征戰、殘忍屠殺，孔子想解救身在亂世的百姓，提出以禮來節制行為，以樂來營造寧靜、和平。孔子在母國（魯國）任職時，眼見魯君沉溺於齊國送來的八十位美女、一百二十匹良馬而荒廢國政，內心感到無比失望，於是在五十五歲高齡決定帶著弟子開始壯遊各國的行程。

五十五歲算高齡嗎？絕對是！西元一八〇〇年清朝嘉慶年間，當時

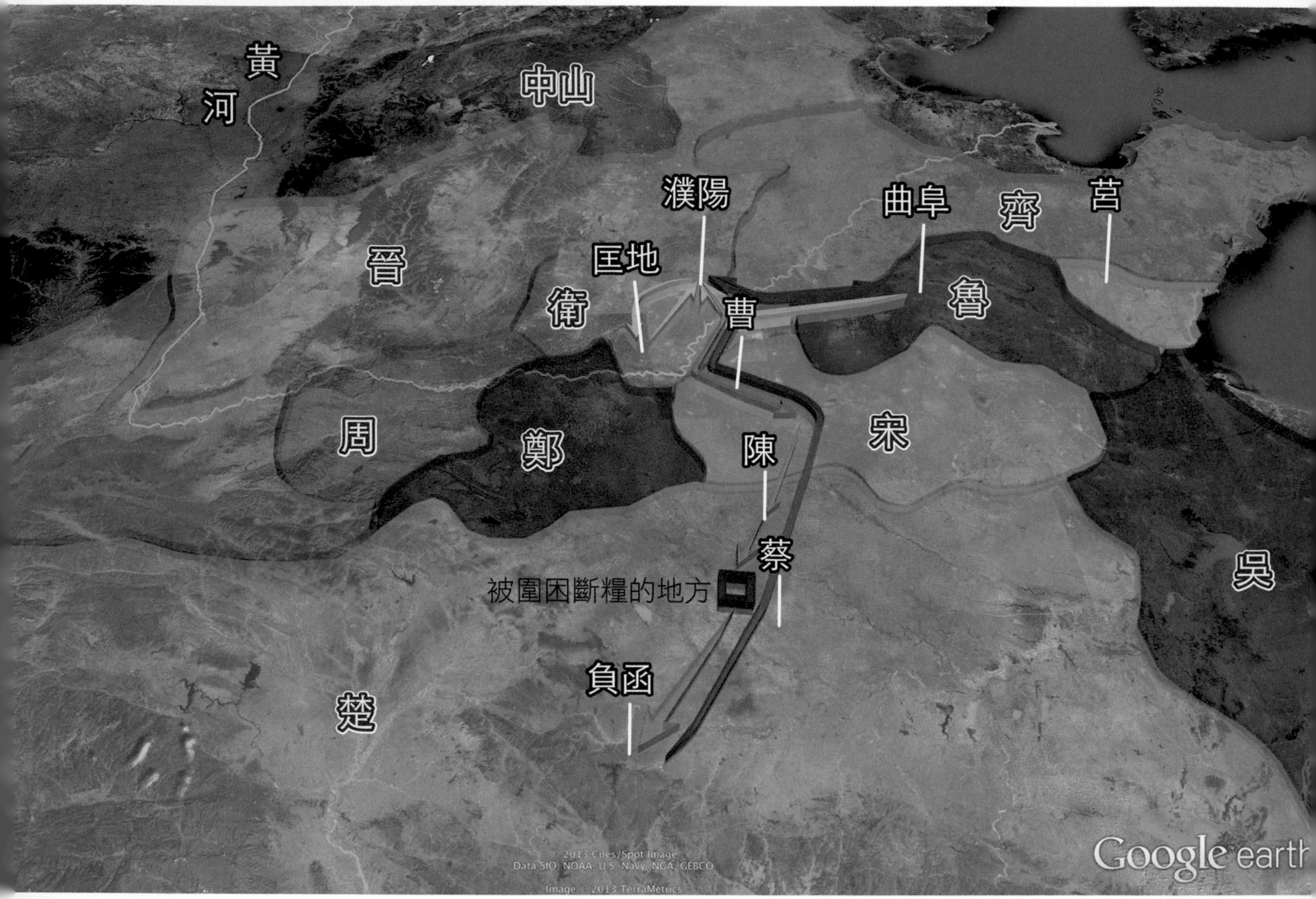

↑【圖 1】孔子在五十五歲高齡，為了推展理念、減少戰亂，踏上了歷經十四年的壯遊之旅，總路程長達一千五百公里，大約是繞了臺灣島兩圈的距離。（箭頭顏色分別代表去程和回程）

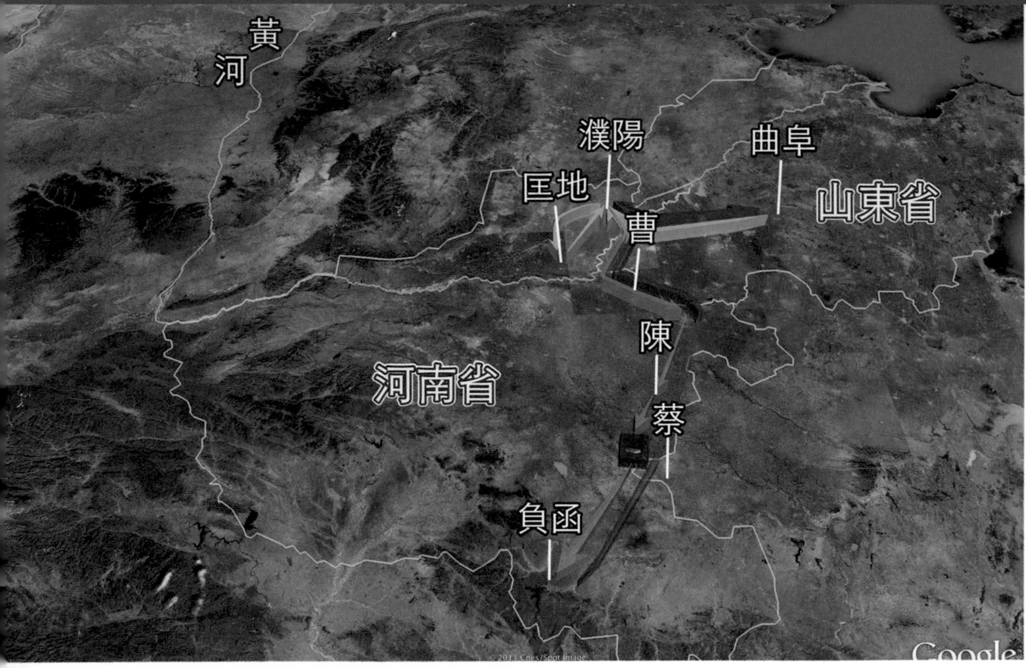

↑【圖 2】孔子壯遊各國的路程不出今日山東與河南兩省。

預期壽命只有三十二歲，即使是工業革命時的英國平均壽命也只有四十歲，西元前五百年的五十五歲，真的已經相當年長了。如此高齡的孔子依然堅持踏上推展理念之旅，一啟程就走了十四年，總長度大約是一千五百公里（圖1），相當於環繞臺灣島兩圈的距離。

為了推展理念，孔子行走範圍可說全在春秋時期的核心區域。綜觀整個周遊列國的路徑，最南邊抵達楚國負函，約今之河南省信陽市附近，以今日地圖觀之，可看到孔子的「壯遊」路程大抵不出山東與河南兩省的範圍（圖2），主要是因交通運輸的限制。當時的路況很原始，城裡的主要道路大部分鋪設了石塊，但出了城外，就完全是泥土、碎石路面；以現今的標準來看，不管是城裡、城外，都是崎嶇不平。孔子不論是選擇牛車或馬車，坐起來都不會太舒服，如果選擇馬車，速度固然較快，相對的震動幅度卻最劇烈；若是選擇牛車，車行速度雖然較慢，但是坐起來會舒適一些。

孔子離開魯國第一個前去的國家是衛國，往後十四年中，停留在衛國的時間也最長，衛國大家長對孔子的態度也算是各國中最禮遇的，可惜孔子的理想依舊不能被實踐，只好繼續前往他國尋求機會。流浪期間，曾被兵馬圍困而斷糧，弟子們饑餓到紛紛病倒，也曾在兵荒馬亂中與弟子走散，隻身站在城門口，被人形容有如喪家之犬。

流芳萬世的孔氏一家

孔子的偉大不是在於走了臺灣島兩圈距離的路途，你我捫心自問，有多少人會為了天下蒼生的和平生存而放棄舒適優渥的生活？有多少人會為了別人的疾病苦痛而將自己的生命完全投入？簡單地說，有多少人會為了別人而犧牲自己？恐怕這樣的人為數不多吧！

孔子的偉大在於身處人人為一己之利而奴役、踐踏別人的亂世之中，基於悲憫之心，想著要改變世局，明知成功的可能性不大，仍全力以赴，但求播下希望的種子，寄希望於未來。

從漢高祖劉邦以祭天的儀式祭拜孔子以來，歷朝歷代均對孔家做出封賞，部分孔家子孫世世代代居住在曲阜，其墓地、家廟與孔府宅地不斷擴建、維修，歷經千年歲月，「孔廟」擁有一千兩百餘株古檜、一千零四十多塊碑刻。「孔府」則是現存歷史最久、規模最大、保存最優、衙宅合一（府內設有官署）的古建築群，占地面積相當於半個中正紀念堂，府內存有大量禮器，包含多位皇帝的御賜，還有三十多萬件明清文書檔案。而「孔林」更是世界最大的家族墓地（圖3），兩千多年來孔家子孫陸續安葬於此，如今墓塚總數高達十幾萬座，占地面積相當於

↑【圖 3】今日孔廟、孔府依然靜靜地坐落在曲阜古城之內，更北則是歷代孔家子孫的歸宿——孔林。孔府、孔廟皆是坐北朝南，建築採取九進的高規格，加上歷代皇帝的賞賜、維護，可說是世界僅有的「天下第一家」。

八座中正紀念堂。

為何不說孔墓，卻稱「孔林」？這是因為孔子去世以後，眾多弟子不斷從各地帶來種種奇樹，世代相傳下來，如今總數已達十餘萬株，其中樹齡超過兩百年以上的就有九千多株。除了林木，還有建築、石雕、碑刻，歷代名家留下的碑文，將此地變成中國數量最大的碑林。

兩千五百年以來，歷代帝王的封賞和維護，孔廟、孔府和孔林所留下的文物，已經成為世界重要的文化遺產。唯一的一次破壞，卻也是最徹底地摧殘，發生在一九六六年文化大革命期間。在北京師範大學就讀、時年二十九歲的譚厚蘭，在中央政府陳伯達（曾任毛澤東祕書）的授權下，率領兩百人到曲阜「打倒孔家店」。他們「勤奮工作」二十九天的豐碩成果如下：燒毀古書二千七百餘冊，字畫九百多幅，珍貴書籍十萬餘冊，搗爛孔子、顏回等泥像，並從泥像中取出裝幀考究的明版《禮記》、《中庸》、《周易》、《尚書》、《詩經》、《春秋》、《大學》、《論語》、《孟子》等無價文物，砸毀包括孔子墓碑在內的歷代石碑近兩千座，進而搗毀孔廟，破壞孔府、孔林，剷平孔子墳墓，挖開第七十五代「衍聖公」孔祥珂與其夫人的墓塚，及第七十六代孔令貽及其妻妾的墳，並曝屍、毀屍批判，後來因裸露屍身難看，曝屍六天後，草草丟到土坑裡焚燒了事。

這件事最後演變成集體瘋狂盜墓，曲阜許多人因此發家呢！這位可以永垂「□□」史（空格內自己填）的譚老師後來如何呢？她曾被關到監獄，最後裁定免起訴，出獄後因子宮頸癌在四十五歲離開人間，終其一生未婚、無子。

03 三百年前的遊記

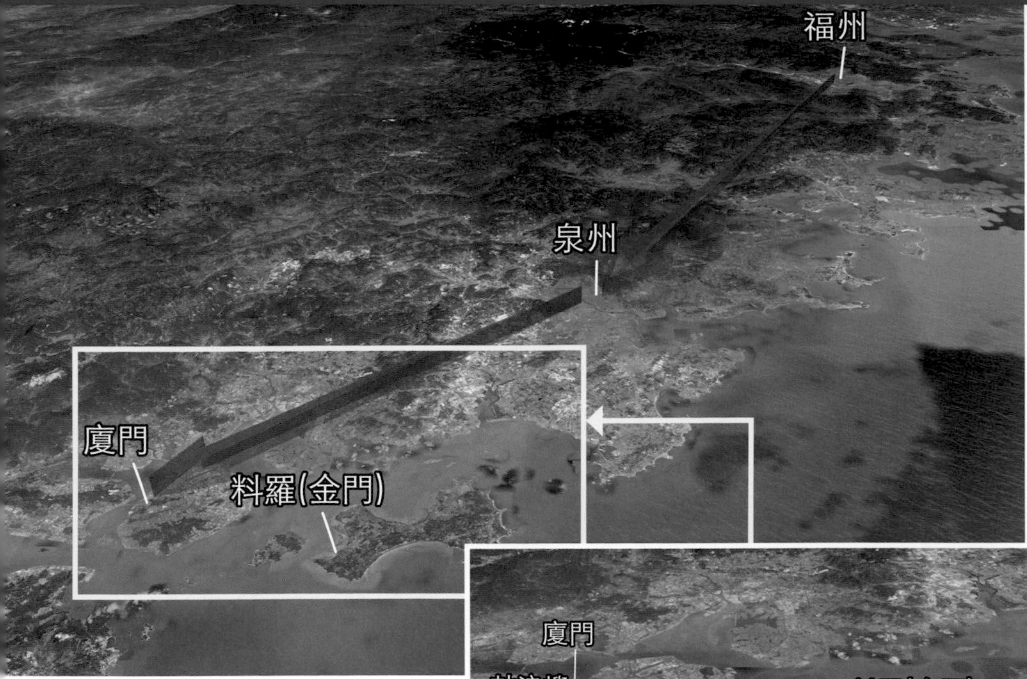

↑【圖 1】郁永河從福州出發，起始走陸路經泉州到廈門，再從廈門搭船經過鼓浪嶼航向大海，沒想到風勢不順，花了五天時間竟然只航至金門。

三百多年前，中國有個酷愛旅遊的小官員名叫郁永河，郁永河聽到福建省福州市的火藥庫被大火燒個精光，福州市政府想找人去臺灣採取硫磺重新製作火藥的消息時，高興得不得了。他心中一直有個念頭：臺灣已劃入清朝版圖，自己卻從未去過，豈不是人生的一大遺憾！當時的臺灣對大陸人來說，好像火星一樣遙遠、陌生而危險，若是得知要被派到臺灣當官，會先嚎啕大哭一番，並交代後事，然後心不甘、情不願地踏上赴任之路。當郁永河自告奮勇要去臺灣開採硫磺時，大家毫無異議，立刻拍手叫好。

⊕ 只好冬天去冒險

西元一六九七年元月，郁永河帶著

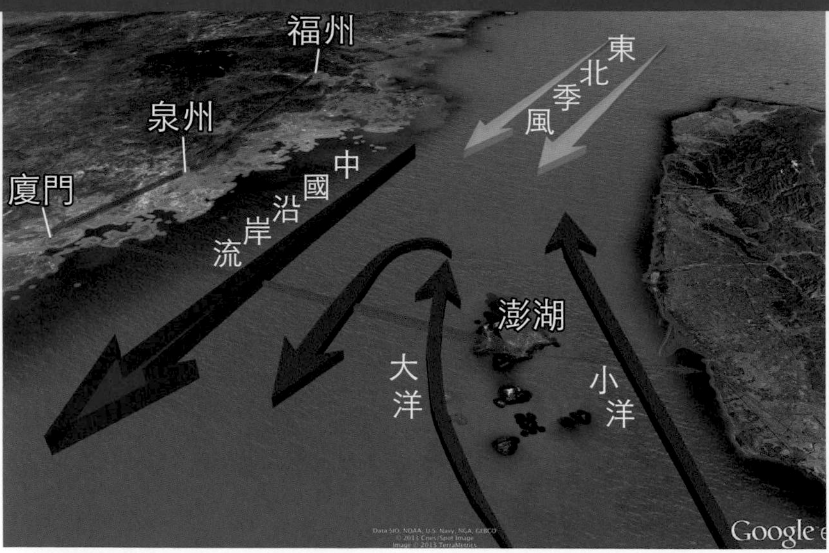

←【圖 2】冬季強勁東北季風使得中國沿岸流格外強大。黑潮支流進入臺灣海峽，受到地形影響分為大洋和小洋，大洋受到中國沿岸流的衝撞，部分會折向南流，小洋受到澎湖與臺灣之間狹窄通道和海底深溝地形的影響，流速特強且洶湧，造成橫越來臺的極大挑戰。

銀兩和隨從，踏上了開採硫磺的冒險之行。從福州出發到廈門，再從廈門出海（圖1），沒想到遇到大風浪而耽擱了行程，郁永河立刻拉人去廈門近郊登山攬勝，登山途中不斷在堅硬花崗岩所構成的巨石陣裡爬上爬下，從巨石縫中側身穿越，然後在石洞中開心飲酒、聊天，直到新月升起，盡興後，相互扶持踏月穿石而歸。

終於等到了可以出航的天氣，郁永河一行人搭船揚帆出發，經過鼓浪嶼不久，就看到了一望無際的茫茫大海，航行五天後才到金門料羅，緊接著神情緊張地準備通過傳說中可怕的紅水溝和黑水溝。

郁永河出發渡海來臺的日子選擇在二月，因為二月吹東北季風，而廈門的緯度與臺中相當，藉著風勢橫渡臺灣海峽時，航向將會偏南而抵達臺南府。然而冬天出航要付出的代價是必須承受強烈東北季風所造成的巨大浪濤。

遠渡「重洋」

臺灣海峽有兩支洋流（圖2），一支由北向南沿著大陸沿海流瀉而下，稱作中國沿岸流；一支由南向北沿著臺灣西海岸而流，屬於黑潮的支流。在強勁的東北季風吹拂之下，二月的中國沿岸流極為強勁，不僅流速變強，而且波濤洶湧，因此郁永河從料羅

大陸棚

在陸地邊緣，緊鄰陸地的海床。由海岸線向外海延伸出去，水深在兩百公尺之內的海床皆屬大陸棚。大陸棚寬窄不一，若是海床平均坡度較大，大陸棚的範圍就會縮小；反之，則大陸棚寬廣。
臺灣海峽絕大部分屬於大陸棚，多數海床深度不及五十公尺，這是由於長期且大量從大陸與臺灣島上沖刷下來的沙土覆蓋所致。

到澎湖這段航程，第一個面臨的挑戰就是這股由北向南的中國沿岸流，由於風強浪大、海又淺（大陸棚），海浪翻攪而混濁，隱約呈現紅色（中國南方屬於紅壤分布區，沿岸的紅壤沖刷到海中，使沿海海水呈現淡淡的紅色），這是第一關：紅水溝，屬於輕量級挑戰。接近澎湖西側海域時，部分黑潮支流由南向北快速通過，接著受到中國沿岸流的對衝影響，部分潮水轉而由北向南，途經此區是第二關：黑水溝一號，古稱大洋，屬於中量級挑戰。在澎湖休息一陣之後，繼續向東航行，當船隻經過東吉嶼時，開始進入第三關：黑水溝二號，古稱小洋，這裡的黑潮支流受到海底地形影響，以及通過澎湖群島與臺灣之間的狹窄通道，導致海流強勁、海水翻騰，航行驚險萬狀，是渡海來臺灣最艱難的重量級挑戰。

黑水溝為何呈現黑色呢？黑水溝流著黑潮之水，黑潮缺乏營養鹽，水中藻類含量低，因此浮游生物也少，魚群數量自然就不豐富，所以黑潮之水清澈無比，但為何清澈之水會黑不見底呢？這是因為當太陽照射黑潮時，陽光可以透射到海面下深處，卻沒有多少光能反射上來，所以海水看起來黑黝黝的。

船隻在暗黑深邃的海面上飄蕩，波浪翻騰如沸水，在船上的人們往往被晃得五臟翻攪、嘔吐不止。船行速度由天決定，抵達臺灣能否登陸則由漲退潮決定，若無法順利登陸，只好返回澎

←【照片 1】遊客若是看到海邊螢光點點，必定欣喜萬分，但是這種景觀的背後卻可能意味著一種環境警訊：人類排放過多的化肥等營養鹽進入海中，藻類獲得滋養後超量噴出，而後大量死亡，過程中會消耗大量水中含氧，導致其他海洋生物窒息。

海的意象

海洋位在中國大地的東側，海是太陽升起之地，是一日的起始之處，是聖明之象，但神祕魔幻、天威難測。中國人看到的海，色調灰暗而混濁醜陋，如同黃河與長江滾滾，這樣的海水，一來與內地的河水沒有大異，二來視覺毫無美感，實在難以讓自古以來的文人墨客揚起滿腹詩興，以浪漫詞句來歌頌海洋，如此一來當然也就沒有海洋文學的發展。

少了海洋文學的文化基因，要激發出胸懷大海、勇闖未知世界的「英雄」，先天發展上就少了那麼一些催化劑。隨便拿一張地中海畔的照片，那種碧海藍天令人陶醉的畫面，創造出多少浪漫文字、歌曲，也創造出多少「發現」新大陸的英雄。這樣的寡海文化基因，來到臺灣島上數百年，不但海洋文學作家鳳毛麟角，連島民都彷若忘了生活在島上。

湖，改天再冒險一次。過去來臺灣要遠渡重洋，而重洋指的是大洋、小洋，這就是百年前渡海來臺灣的先祖們所面對的艱險情境。

⊕ 大開眼界

郁永河渡海來臺灣時，曾在澎湖短暫停留，這段期間經歷了兩件有趣的事情，一是買了一條鯊魚想加菜，沒想到鯊魚肚子一剖開，竟有好多小鯊魚蹦跳出來，而且一路活蹦亂跳地跳回海裡游走，讓郁永河大開眼界，終於相信鯊魚是胎生的傳聞；另一則是夜晚時分，郁永河獨自坐在船舷上，享受滿天星斗以及星斗映照大海所構成的壯闊景象，沒多久卻開始烏雲蔽空，當四周一片漆黑、伸手不見五指時，他突然想起朋友曾說：「只要用手擊打海面，就可以重見天日。」啪嗒……嘩啦……郁永河試著拍打海面，無盡的黑暗中，竟然真的開始出現淡淡的、幽幽的藍色光點，構成極其夢幻的純淨色彩。

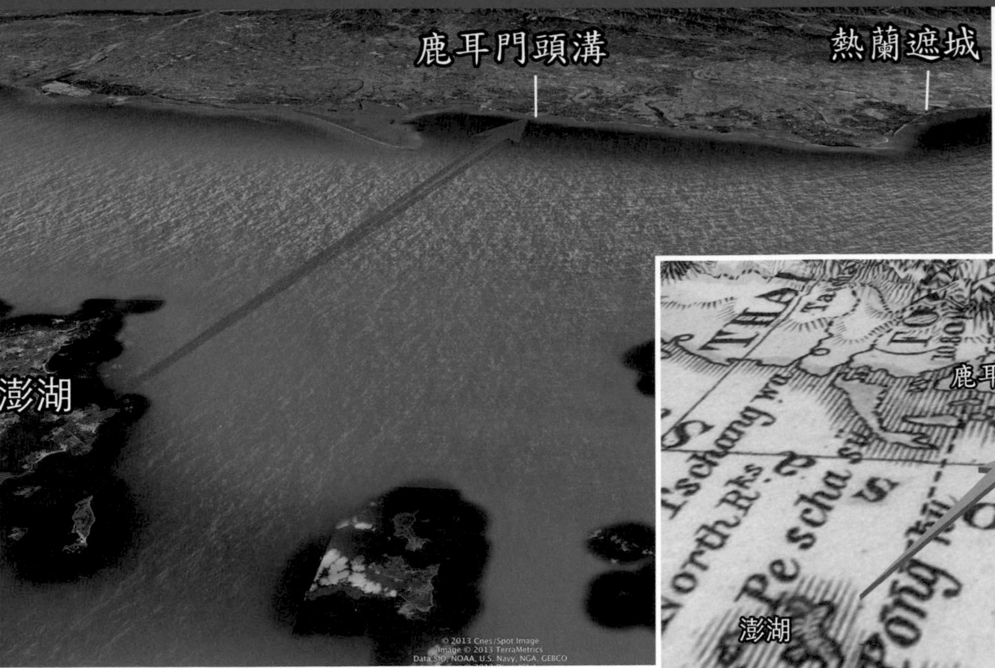

→【圖 3】疊上一張一八七五年的古地圖，才能明白三百多年前郁永河所看到的鹿耳門、熱蘭遮城等位置。

這到底是何方神聖所營造出來的效果呢？原來是單細胞浮游生物鞭毛藻（照片1）的精采表演，這種表演經常在全球各地海洋上演，美國航空母艦的戰鬥機駕駛，經常在夜晚降落時，看到母艦後方拖曳出一條發著幽幽光芒的藍帶，指引他們降落。旅遊途中不期而遇的特殊經驗，正是豐富生命的重要養分，因此才能不斷引領旅人前仆後繼地冒著風險，充滿期待地向前探索。

滄海桑田

郁永河來臺開採硫磺，從廈門出發，跨越紅水溝及大、小洋，抵達臺灣首站——臺南府。當時的臺南府沿岸地形和今天所見不同，疊上一張一八七五年的古地圖（圖3），可以大致重現郁永河當年所看到的沿海地貌。

從古地圖可以看出，進入臺南府必須先通過鹿耳門，鹿耳門是由兩個濱外沙洲所構成，沙洲上設有盤查往來船隻的哨站，從地形上來

↑【圖 4】一八七五年的古地圖所看到的臺江內海，北邊到達今之濁水溪，往南的主要河川包括北港溪、朴子溪、八掌溪、急水溪、曾文溪，最南到達鹽水溪。這些坡陡流急、含沙量大的河川，很快就將臺江內海填平，上游侵蝕力巨大、土石流頻繁，下游含沙量大、暴雨經常氾濫，就是臺灣的自然特徵，住在島上的我們，務必理解大地母親的特徵。

看，鹿耳門一點也不險要。通過鹿耳門，水域又開展起來，呈現出一片廣闊如大海的氣象，波浪興起時，也與外海無異，這一片水域稱為臺江內海（圖4）。臺江內海水面下深淺不一，若不熟悉水道，必然導致船隻擱淺，這才是此處險惡的原因。

接近岸邊時，船隻因水淺不能再進，必須下船涉水或是乘坐牛車上岸，這樣的情境在今日臺灣還可以看得到，例如彰化芳苑、大城鄉，至今依然使用牛車往返濕地的蚵田和岸上，如同三百年前的先民們一樣。

水路兩樣情

如果郁永河從福州直接渡海到淡水，不但距離比較近，而且可以利用夏季的西南季風出發。西南季風比東北季風溫和，船隻此時航行在海上，會相對提高安全性和舒適性。

為什麼郁永河偏偏要繞遠路，從臺南府上岸再一路搭乘牛車到北投呢？因為煉硫需要採買布、油、糖、鍋、鏟等材料和設備，還需要工人和對臺灣風土民情熟悉的人士提供指引，這些人員與設備當時只有臺南府城才能取得。

在臺南府城採購了兩個月，一切都準備妥當之後，郁永河準備出發北上，其同鄉顧敷公是個臺灣通，誠懇地提醒他：如果要我跟隨，就請走陸路，千萬別走海路，船不怕水深，卻怕水淺，若用船隻沿著海岸北上，隨時都會有擱淺的危險。

郁永河聽從了顧敷公的建議，搭乘牛車北上，但同行的朋友王雲森卻堅持坐船。數十日後，郁永河走到苗栗後龍，碰到衣著破爛的王雲森跑過來抱著他嚎啕大哭，敘述發生海難的過程，以及幸運逃生的經過。

走水路北上的船隻有兩艘，幸好其中一艘順利抵達淡水，裝備至少還保全了一半，否則採硫的事情就難以繼續進行了。

主觀的美醜

郁永河搭乘牛車北上到淡水，牛車屬於短程交通工具，因此每到一個村社過夜休息，就必須換乘另一輛牛車，駕車的原住民也會跟著換人。

愈往北走（圖5），原住民身上的刺青愈多，外型看起來愈加剽悍；過了彰化之後，原住民的耳輪撐得愈來愈大，直徑約有碗口大小，頭髮在頭上紮成兩個角，還有三個分岔的；過了苗栗以後，原住民不論男女都剪短髮，髮型彷彿倒扣的碗

→【圖 5】郁永河從臺南府城搭乘牛車到淡水，牛車皆由原住民駕馭，每到一社過夜休息，就會更換牛車與駕駛，愈向北走，駕駛牛車之原住民相貌愈加醜陋，身上的刺青也愈加顯眼。

蓋在頭上。

郁永河認為由南向北的原住民容貌愈來愈醜陋，這種主觀的印象，應該和愈往北部的原住民漢化程度愈淺有關。

郁永河觀察到平地番社（原文用詞，以下同）都有頭目，而頭目不論是住屋、飲食、工作都與眾人一致，不像中國滇廣的土官會徵收賦稅、徵兵服役，擁兵自衛。但自從荷蘭人來到臺灣之後，情形開始改變了，稅賦、勞役都必須服從規定，不服從的番社，則派兵剿滅，不留活口；鄭氏王朝之後，立法嚴格，此等鎮懾原住民的狀況不曾稍減。平埔族原住民長期受到鎮壓、教化、通婚，各族之間逐漸漢化，而他們的傳統習俗也慢慢消失了。

深山中的原住民族群則是另一番光景，平時以狩獵為生，資源不足時，仗恃著剽悍的身軀，時而劫掠平地番社，燒屋殺人，取對方首級而歸，平地原住民都極為懼怕，不敢輕易接近山邊區域。

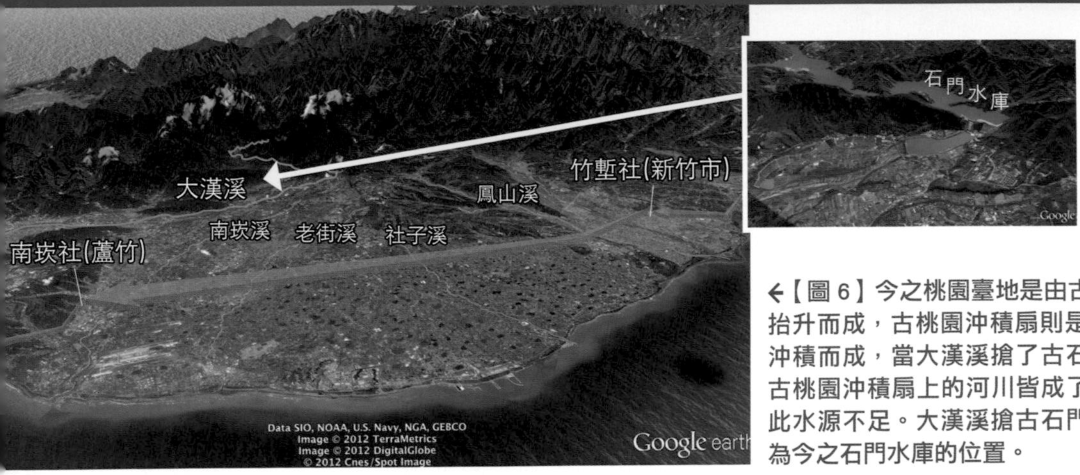

←【圖 6】今之桃園臺地是由古桃園沖積扇抬升而成，古桃園沖積扇則是由古石門溪沖積而成，當大漢溪搶了古石門溪之後，古桃園沖積扇上的河川皆成了斷頭河，因此水源不足。大漢溪搶古石門溪之處，即為今之石門水庫的位置。

向源侵蝕

河床坡度愈大，河流侵蝕力愈大，因此經常在河流的谷頭發生強烈侵蝕，而使得河谷不斷延長的現象，這一種向著源頭方向侵蝕的現象，稱之為向源侵蝕。通常要讓河流變長的方式有三種，分別是向源侵蝕、襲奪現象和河口泥沙堆積。

水被搶走了

行進到北投的路程中，最詭異又艱辛的一段，莫過於新竹到南崁，這段長達四十多公里的路途中幾乎看不到人煙，連想找棵樹遮蔭休息都很困難。

怎麼會這樣呢？因為這段路經過古石門沖積扇，是由古代的石門溪沖積而成，後來古代的大漢溪不斷向源侵蝕，變得愈來愈長，最後接上了古石門溪，由於古大漢溪的河床位置比較低，在水往低處流的物理原則下，古石門溪的水就改道往古大漢溪流走，形成了今日所看到的大漢溪，而在改道轉向的地方，明顯看到幾近九十度的河道轉彎型態（圖6）。

古石門溪上游既然轉向，下游河道的水就只剩下一點點，河道水面嚴重下降，河道兩旁的地下水面就大幅度降低，植物的根若是伸展得不夠長，就吸收不到水分，生長的環境變得很嚴苛，難怪要找棵樹遮蔭都很困難，農業也難以發展，糧食自然就供應不足，因此郁永河在此見不到人煙，這全是因為水被搶走了！

⊕ 原來我家在湖底

南崁再向北，郁永河沿著海邊踩著亂石、沙灘前行，過了八里之後來到淡水河邊，突然遭到上億隻不知名的飛蟲襲擊，他趕緊划著原住民製作的兩人座獨木舟到對岸，此時淡水社社長張大已等在岸邊迎接，並提供了重要的資訊與服務。

張大說就在三年前（一六九四年），此地發生了驚天動地的大地震，地震後臺北陷落而積水成湖，至今還可以看到樹林遭水淹沒而樹梢尖端露出水面的景象。臺北曾是個湖泊，而且距今不過三百多年，如此的描述確實令人難以想像。

為了幫助大家想像當時的狀況，筆者運用Google Earth軟體，使用內建的多邊形工具在臺北的外圍畫上一個多邊形，多邊形選擇藍色，並將透明度改為五十，接著修改多邊形的「絕對高度」，不斷修改高度到滿意的位置，於是簡單的虛擬臺北湖就出現了（圖7）。

有了這個虛擬重現的臺北湖，就能循著郁永河的足跡，從淡水張大的住處，划船穿過甘答門進入臺北湖，最後在北投上岸，張大已先在此建築了二十間茅草屋，分配了各屋之後，很快就可以開始煉硫了。精確地說，郁永河是煉硫，而不是採硫，採硫的是原住民，郁永河用臺南府城買來的布匹和原住民交易，以兩百二十四公分的布換取一百六十二公斤的礦土。煉硫的方式是先在大鍋中裝食用油，鍋下生火加熱，再不斷加入晒乾的礦土攪拌，泥土會慢慢地混入油中，而硫自然與土分離。

↑【圖 7】一六九四年臺北出現大地震，導致盆地下陷並積水成湖，郁永河在大地震後三年，搭船通過甘答門（關渡）到北投採硫、煉硫。

⊕ 有味道的人逃過一劫

北投煉硫工作的期間，所有的工人、僕役全部病倒，甚至死亡，獨獨只有郁永河沒事，這是什麼原因呢？筆者猜測，所有的工人和僕役都有輪班休息，但是郁永河擔心煉硫的工作會出差錯，總是待在煉硫大鍋附近，大鍋旁的硫磺味道很重，蚊蟲根本不願意靠近，而郁永河身上的硫磺味應該久久不散，或許正因如此沒被蚊蟲叮咬，而成了唯一沒生病的幸運兒。

郁永河《裨海紀遊》卷中部分原文

余問番人硫土所產，指茅廬後山麓間。明日拉顧君偕往，坐莽葛中，命二番兒操楫。緣溪入，溪盡為內北社，呼社人為導。

轉東行半里，入茅棘中，勁茅高丈餘，兩手排之，側體而入，炎日薄茅上，暑氣蒸鬱，覺悶甚。草下一徑，逶迤僅容蛇伏。顧君濟勝有具，與導人行，輒前；余與從者後，五步之內，已各不相見，慮或相失，各聽呼應聲為近遠。

約行二三里，渡兩小溪，皆而涉。復入深林中，林木蓊翳，大小不可辨名；老藤纏結其上，若虬龍環繞，風過葉落，有大如掌者。又有巨木裂土而出，兩葉始櫱，已大十圍，導人謂楠也。楠之始生，已具全體，歲久則堅，終不加大，蓋與竹嵴同理。樹上禽聲萬態，耳所創聞，目不得視其狀。涼風襲肌，幾忘炎暑。復越峻嵩五六，值大溪，溪廣四五丈，水潺潺巉石間，與石皆作藍靛色，導人謂此水源出硫穴下，是沸泉也；余以一指試之，猶熱甚，扶杖躡巉石渡。

更進二三里，林木忽斷，始見前山。又陟一小巔，覺履底漸熱，視草色萎黃無生意；望前山半麓，白氣縷縷，如山雲乍吐，搖曳青嶂間，導人指曰：「是硫穴也。」風至，硫氣甚惡。

更進半里，草木不生，地熱如炙；左右兩山多巨石，為硫氣所觸，剝蝕如粉。白氣五十餘道，皆從地底騰激而出，沸珠噴濺，出地尺許。余攬衣即穴旁視之，聞怒雷震蕩地底，而驚濤與沸鼎聲間之；地復岌岌欲動，令人心悸。蓋周廣百畝間，實一大沸鑊，余身乃行鑊蓋上，所賴以不陷者，熱氣鼓之耳。右旁巨石間，一穴獨大，思巨石無陷理，乃即石上俯瞰之，穴中毒焰撲人，目不能視，觸腦欲裂，急退百步乃止。左旁一溪，聲如倒峽，即沸泉所出源也。

還就深林小憩，循舊路返。衣染硫氣，累日不散。始悟向之倒峽崩崖，轟耳不輟者，是硫穴沸聲也。

為賦二律：「造化鍾奇構，崇岡湧沸泉。怒雷翻地軸，毒霧撼崖巔。碧澗松長槁，丹山草欲燃。蓬瀛遙在望，煮石迓神仙。」

「五月行人少，西陲有火山。孰知泉沸處，遂使履行難。落粉銷危石，硫黃漬篆斑。轟聲傳千里，不是響潺湲。」

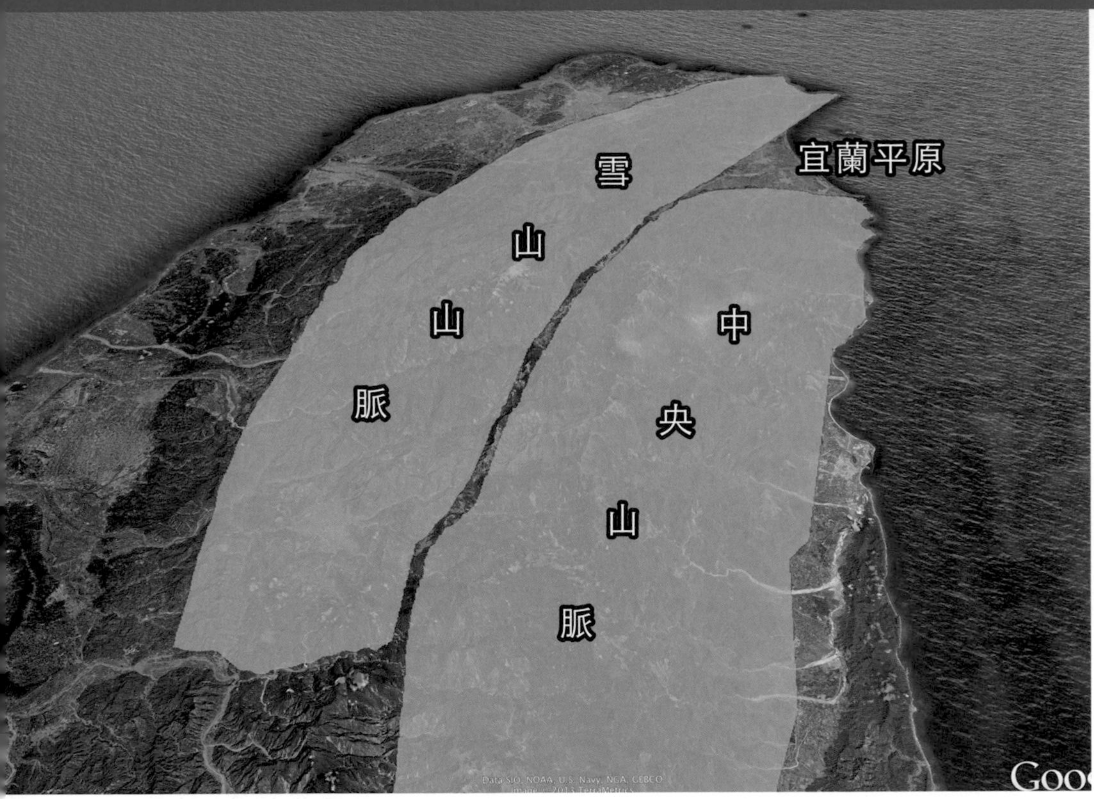

↑【圖 1】宜蘭平原被雪山山脈、中央山脈阻隔，漢人拓墾的腳步因此減緩。

04 前進噶瑪蘭

為了生活資源前仆後繼

「噶瑪蘭」的原意是「住在平原上的人」，當然這個平原指的是宜蘭平原，宜蘭平原有雪山山脈和中央山脈的阻隔（圖1），漢人一直無法輕易地進入。直到一七六八年才有林漢生初次嘗試開墾，卻被原住民殺害，不過顯然漢人前來探險並混口飯吃的動機是不會改變的；八年後，林元旻做第二次嘗試，從烏石港上岸，再到淇武蘭開墾，最後順利站穩地盤，成為漢人入墾宜蘭的第一人。

二十年後，也就是一七九六年，漳州人吳沙帶領了兩百名流氓，以及一批鄉勇與佃農（《臺灣通史》卷三十二），共一千多人進入烏石港，由於聲勢浩壯，引起噶瑪蘭族人的驚懼，於是團結數十社的族人攻擊吳沙的墾民，雙方互有死傷，漢人有火槍，在武器上明顯占優勢；而原住民人數眾多、地勢熟悉，占了地利優勢。

吳沙改以智取，呼嚨噶瑪蘭族人，說即將有海盜要來掠奪，所以官府派他來這裡，為的是要保護他們，不是為了貪圖土地。噶瑪蘭族人半信半疑下放緩攻勢，然而時間是個關鍵，再過一年，噶瑪蘭族人的優勢就要改變了，原因來自生化攻擊。

原住民悲歌

十六世紀西班牙人進占墨西哥，順便帶來了一份伴手禮——傳染病（包括流感、天花、痲疹、白喉），印第安人一定不會忘了這份禮物，有三百萬墨西哥印第安人因這份禮物而提早離開人世。

西班牙人繼續把熱情帶到南美洲，強力攻打南美的印加帝國，當然天花這份禮是不會少帶的，從未碰過天花的南美原住民，這下子大難臨頭了。十六世紀初期，南美洲的印第安人估計有四千萬人左右，到了十六世紀末還剩多少人呢？一百萬！減損人數遠超過二次大戰各國軍人的總死亡數——一千八百萬人，就算再加上交戰時刻意殺害的戰俘與平民（也是一千八百萬人），還是不及印加帝國的恐怖死難人數。

目光回到噶瑪蘭，兩百多年前，也就是吳沙帶人拓墾宜蘭的隔一年，世世代代居住在相對封閉地形的噶瑪蘭原住民，開始流行天花，結果死傷慘重，這段歷

生存與水資源

人類的起源目前傾向來自東非洲的衣索匹亞高原，當然也有「水猿」理論，認為人類起源於海邊，無論何者為真，隨著數量增加，食物必然短缺，遷徙移動必不可免。初期世界感覺有如取之不盡、用之不竭的資源庫，只要肯走，就一定有收穫；但是終有一天，後來者會侵入先到者的區域，此時細菌、病毒也忙著伴隨人、畜的遷移而跟著擴散，因為擴散、入侵、征服、同化，而衍生出新的族群、新的文化，進而產生多樣化的必然；也繁衍出新的細菌與病毒、新的傳染病，產生新的自然調控力量。

目前世界有七十億人口，糧食與水資源必然吃緊，增加糧食的方法未必需要「入侵」，但增加糧食的方式卻會產生新的疾病，而水資源「不合理」的利用會產生「入侵」需求，這些都有賴大眾在觀念上接受「人地協調」的觀點，而逐漸令資源政策朝向「永續經營」的方向發展。

史有如印第安人的悲劇重現，噶瑪蘭人數銳減，剩餘者逐漸與漢人同化，噶瑪蘭族群與文化終至凋零，而宜蘭平原呢？最終盡是漢人的天下。

特別的地名

臺灣有許多地名中含有「股」（例如五股）、「份」（例如頭份），這表示當初該地是由眾人出錢合股一起開墾農地；還有些地名帶有「柵」（例如木柵）、「堵」（例如五堵），這是漢人建立墾寨時，就地取材使用木材或泥土來建築防禦圍牆而得名。但宜蘭部分地名卻稱作「圍」和「結」，則是因為開墾的漢人當初在拓墾時，具有組織性武裝，墾民出錢、出力、出壯丁，構成了「結首制」，數十個農民合成一個結，數百農民則形成一個圍。

吳沙從三貂角過來，在烏石港進入宜蘭平原，第一個建立的據點稱作「頭圍」（今之頭城），接著向南方拓墾，建立了二圍、三圍、四圍和五圍；而「結」因人數少、地方小，數量更多，從一結到三十九結（在礁溪鄉）都有；有些土地當初是用抽籤來分配的，於是就產生了四鬮一、四鬮二這樣的地名（圖2）。

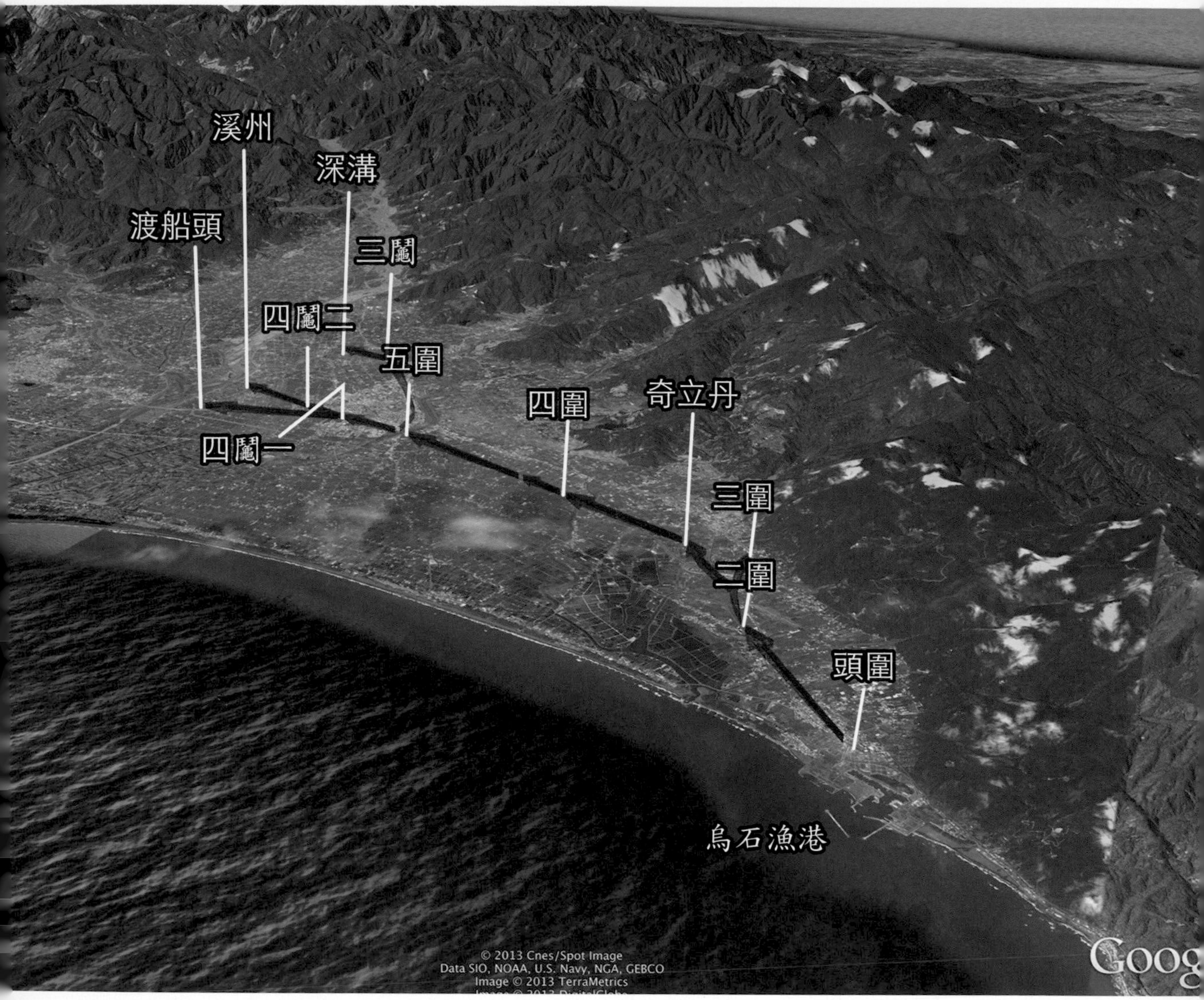

↑【圖 2】吳沙從三貂角過來，在烏石港進入宜蘭平原，
建立了一群帶有圍、結的地名。

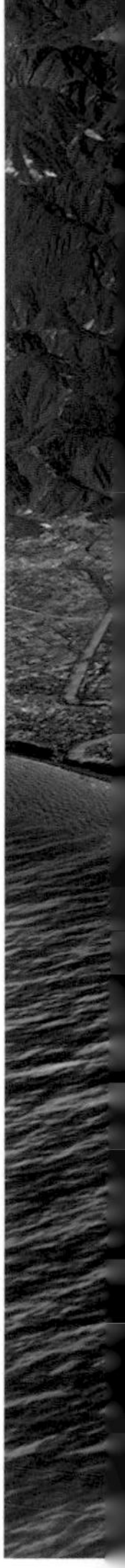

⊕ 逐水而居

宜蘭平原主要是由蘭陽溪沖積而成的沖積扇，沖積扇兩側由雪山山脈和中央山脈所圍繞。冬季的東北季風把海上的水氣吹進開口朝東的宜蘭平原時，由於地形愈向上游愈收縮，海拔高度也愈高，很容易成雲致雨，大量雨水滲入地表形成地下水，地下水順著地勢往下流動，在扇央冒出地表變成湧泉（圖3），地勢比湧泉低的區域，可以便利地引導湧泉之水灌溉農作。

往海邊看去，經年累月的東北季風吹拂之下，宜蘭海岸邊有一道與海岸平行的巨大沙丘，沙丘的最高處海拔可達十公尺，有三層樓這麼高；這天然的沙丘平時可阻擋海風，海嘯來時還可抵擋海嘯，真是免費又好用的堤防。

沿岸沙丘到湧泉帶之間因地勢較低，加上地下水豐富，以及湧泉的豐沛供水，形成了沼澤低濕區。早年噶瑪蘭族擅長漁獵，此區就是重要的生活範圍。

吳沙所帶領的漢人開墾集團，初期大致沿著湧泉帶下緣前進，由點而線，再由線而面地拓墾豐腴的土地，一方面是湧泉帶下緣符合農墾灌溉的需求，另一方面則是避開噶瑪蘭族的勢力範圍和山區隨時可能出沒的生番。兩、三百年前的生番，別說漢人會害怕，連噶瑪蘭族這樣的平地原住民也是敬畏十分、退避三舍。

熱門電影《賽德克・巴萊》裡的賽德克族就是屬於大山裡的生番，賽德克的意思就是「真正的人」，但要獵過人頭的男人才能紋面（不宜稱為「黥面」，黥面是中國古代的刑罰），有紋面的男人才算是真正的人，由此可見其族性之剽悍。

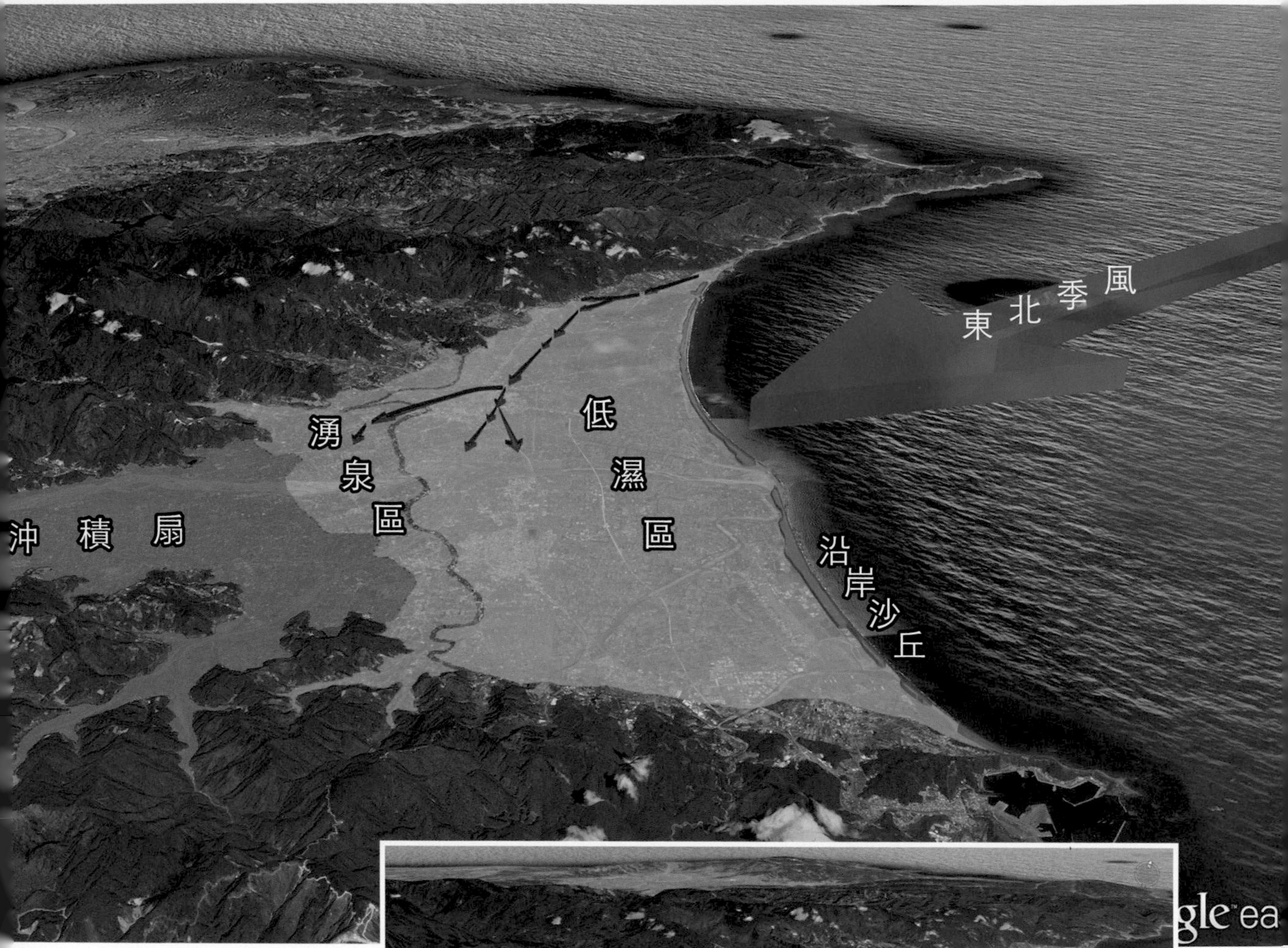

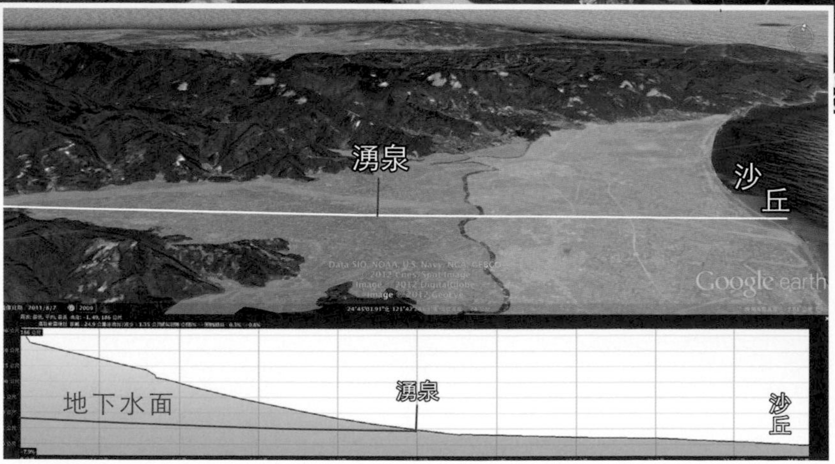

↑【圖 3】宜蘭平原主要是由蘭陽溪沖積而成的沖積扇，地下水在扇央冒出地表變成湧泉，吳沙所帶領的漢人開墾集團，初期大致沿著湧泉帶下緣前進。

由於蘭陽溪河床寬廣，涉水過溪不便，初期的開墾都位在蘭陽溪以北。直到一八〇六年來自臺中、彰化一帶的平埔族千餘人，翻山越嶺來到蘭陽溪以南開墾；接著漢人也越溪到溪南開墾。

一八一〇年，大清帝國正式將噶瑪蘭收入版圖，把噶瑪蘭族人分配到沿海狹長的帶狀沙地保留區，但因湧泉區水源被漢人攔阻引灌稻作，使得噶瑪蘭族無法靠傳統的漁獵方式溫飽，於是紛紛遷徙他處。根據原委會資料所示，今日噶瑪蘭族的後代已多遷居於花蓮和臺東了。

05 嘆為觀止的土樓

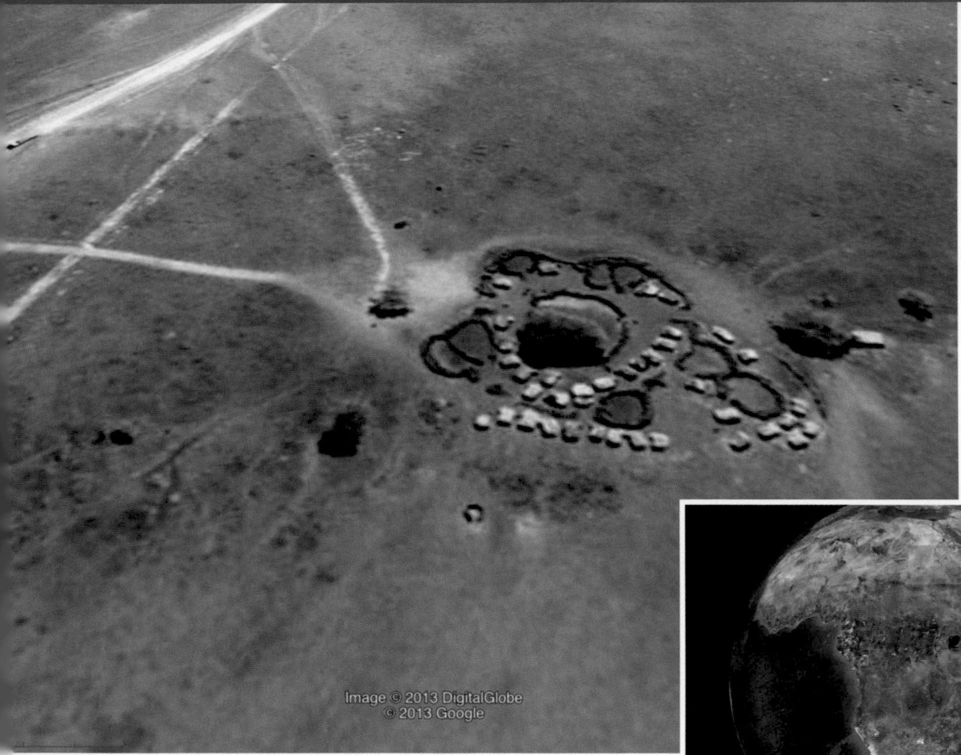

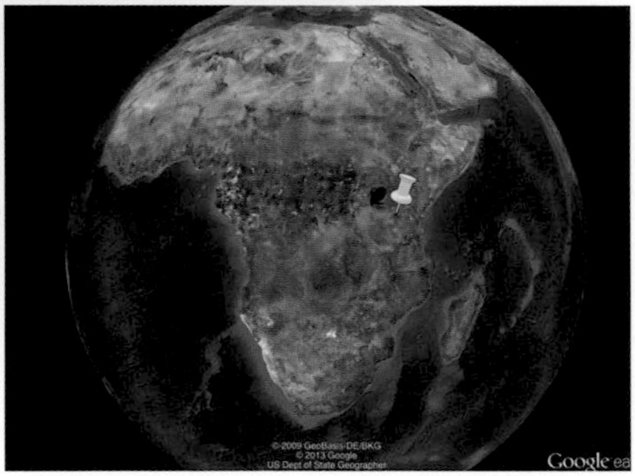

↑【圖 1】位在坦尚尼亞、屬於半游牧民族的馬賽人部落，部落以一棵大樹為中心環繞，樹下是學校也是公共場所。

福建西南方一塊一萬多平方公里的土地上，有一片造型奇特、氣度不凡的連綿土樓，有人形容彷彿是「天上掉下來的飛碟、地下冒出來的蘑菇」。這些令人驚嘆的世界級民居建築，真的只有閩西才看得到嗎？為什麼這裡會出現如神話般的聚落形態？

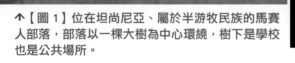

若說「土樓」，全中國到處都是，臺灣也不少，用土夯築而成的房屋，是民間常見的一種建築方式，大江南北處處可見，一點也不稀奇；若說「圓形」建築，範例更是遍布全世界，非洲很多國家都看得到（圖1、圖2）；但是用土夯築的圓形土樓，高達十多公尺，樓內房間多達四百零二間，一天睡一間，一年還沒辦法睡完一輪，那就絕無僅有了吧！

土樓的形態從建築平面來分，可看到正方形、長方形、圓形、橢圓形、

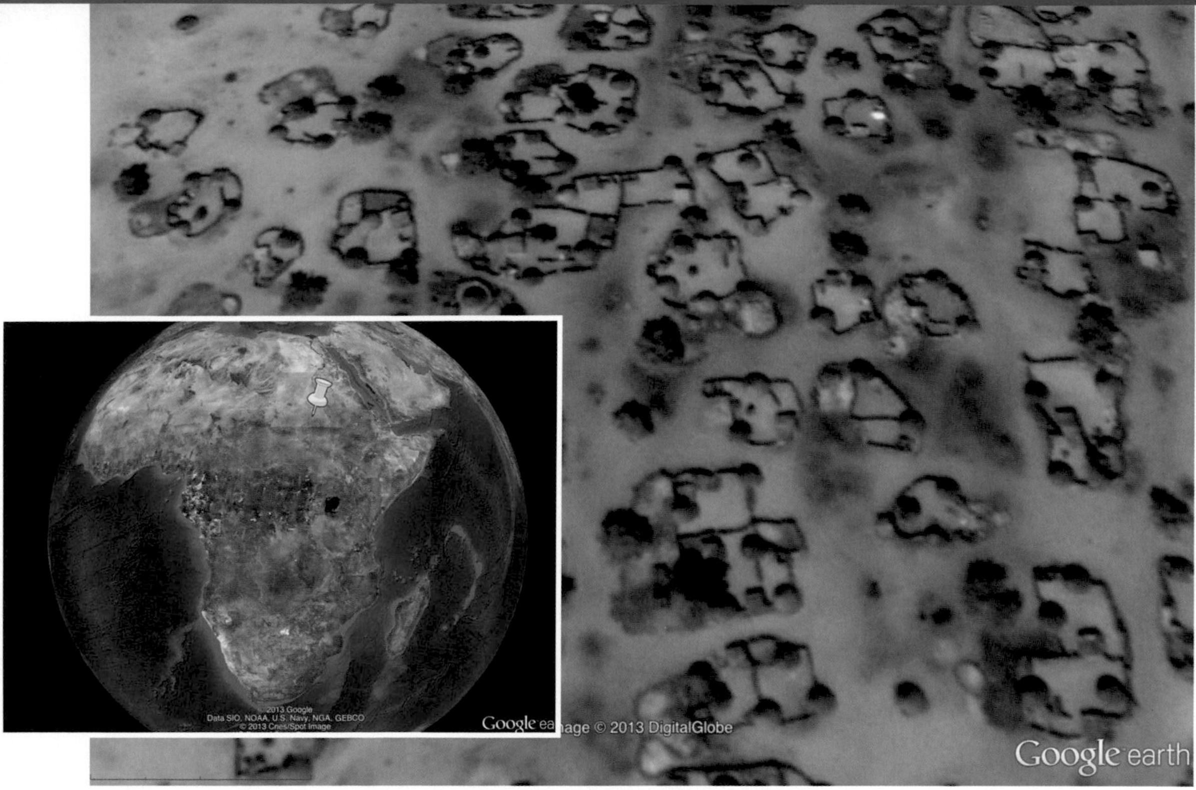

↑【圖 2】位在蘇丹首都喀土穆（Khartoum）西南方荒野中的聚落，房屋多為以樹枝和草桿構成的圓形草屋。草屋很小，直徑大約是四．五公尺。

曲尺形、半月形、五角形和八角形等，以及三環、五環、七環等各種組合，從空中鳥瞰這些組合最為壯觀、最令人驚嘆！

同時不免疑問重重，這樣的景觀是如何演變而成的呢？一個複雜的聚落景觀，肯定是長久的歷史因素、政治因素，配合社會、地理、風俗、風水和宗族體制等諸多因素共同影響而緩慢形成。到目前為止，各領域學者無不竭盡所能地從各領域觀點來解構土樓的內在、外在特色。

圓形世界

所有的土樓平面建築形態中，最能吸引目光的，當屬圓形結構，圓形的建築平面在世界各地許多考古挖掘遺跡中都能看得到；即使是今日，仍能看到這樣的形態，例如非洲坦尚尼亞的小型聚

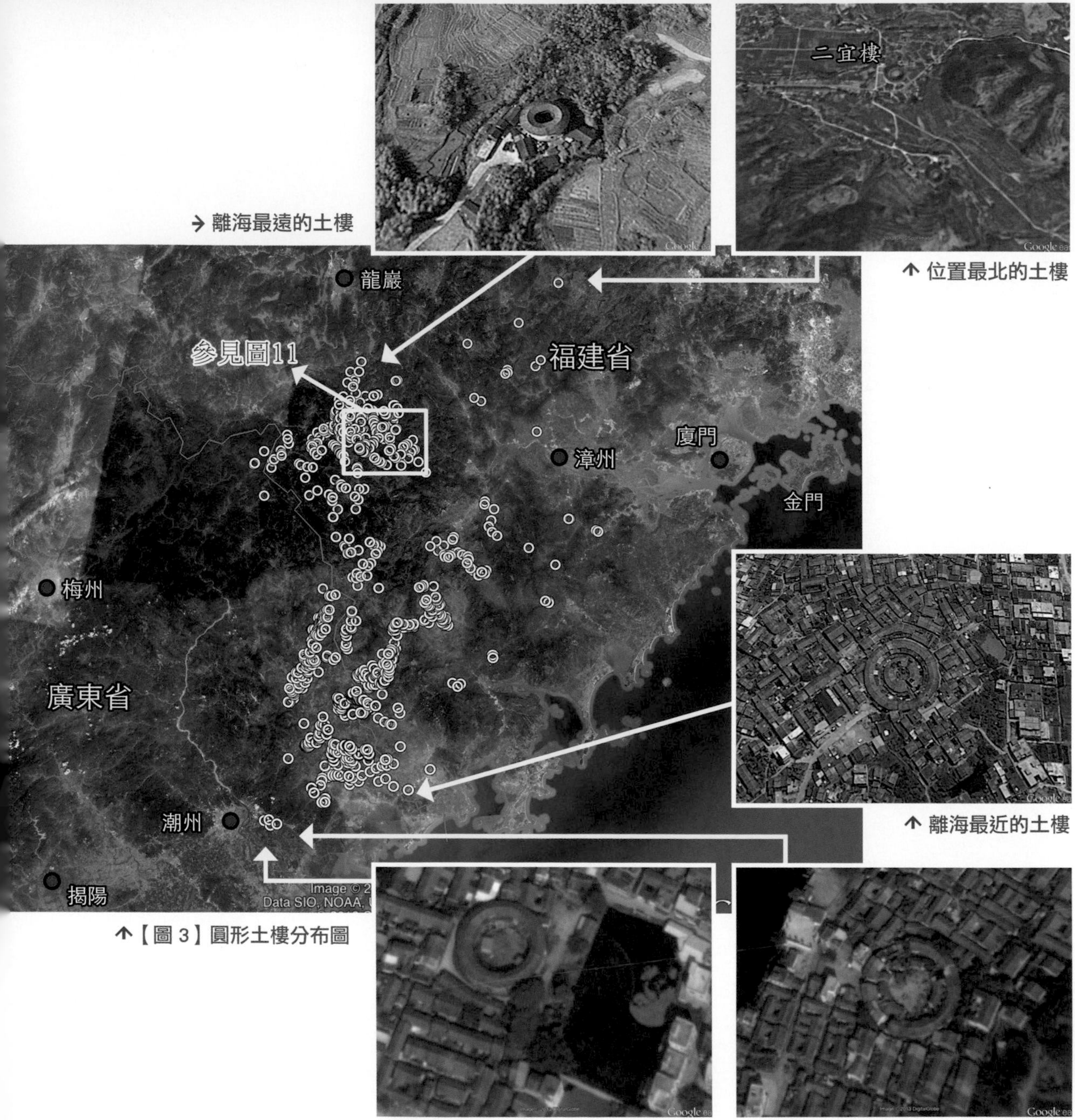

→ 離海最遠的土樓

↑ 位置最北的土樓

↑ 離海最近的土樓

↑【圖 3】圓形土樓分布圖

↑ 位置最西的土樓

↑ 位置最南的土樓

落（3° 1'19.99"S，35° 18'51.34"E），使用圓形布局（圖1），中心是學校及公共場所，民房散居在外，圍牆均用圓形構成，茅屋則為圓長形。又如蘇丹的傳統聚落（13° 16'53.75"N，30° 12'30.85"E），民房大量使用圓形茅屋，圍牆則多用矩形為主軸，整個聚落的平面布局，乍看之下可說是雜亂無章，似乎毫無規劃，但隱約可看出整個聚落自然而然地聚合成大致的圓形（圖2）。

把目光移到中國，從古籍和大量的考古資料中發現，自漢、唐、宋、元，直到明、清，福建西南和廣東東緣早已有圓形山寨，經過不間斷的民族遷徙，導致不同族群的接觸、征戰、交融；在此過程中，漢文化很自然地帶進了此區，早期本地的古越人文化，當然也注入了漢人的建築方式之中。

閩西南的漢人（閩南人）既然比客家人先遷入此區，合理推論應該是閩南人先構築了土樓，至於圓形的土樓建築，理當也是如此，不過這種說法尚待更進一步的田野調查確認。

運用 Google Earth 所提供的衛星影像，進行地毯式搜尋圓形土樓，並以白色小圓圈標示（圖3），再加以統計，得到總數為八百一十五幢，這個數字僅計算「圓形」土樓，若是將方形等其他形狀的土樓也算進去的話，總數至少要再乘以數倍。

⊕ 防禦至上

曾有學者根據史籍記載認為：明朝時期，沿海地區經常有倭寇侵擾，人民築土圍寨來加以抵禦，效果很好；後來的族群械鬥，土樓繼續扮演重要攻守據點的角色；再加上有些華僑經商成功匯銀回鄉，更蓋了不少規模宏大的土樓。但這樣的說法難以解釋圓形土樓的分布，從圖3可明顯看出，現存圓形土樓九成都分布在廣東省與福建省的交界！這裡存在著閩南族群與客家族群比鄰而居的現況。或許「圓形」土樓在族群紛擾上，不論是在防禦或阻隔方面，一直扮演了相當重要的角色吧！

筆者曾在臨近土樓群的書洋鎮上用餐，用餐時聽到老闆和朋友用閩南語在說笑話，我不由自主地在旁邊笑了，老闆看到我在笑，知道我是從臺灣來的，開玩笑對我說：「你這個大老遠從臺灣來的聽得懂我說的話，我們隔壁村莊的人卻聽不懂，感覺真奇怪！」我當時心想：「若是告訴他我是客家人，隔壁村莊說的話我也聽得懂，他是否會感覺更奇怪呢？」

最老的土樓

現存最古老的圓形土樓，當屬位於福建漳州市南靖縣書洋鎮下阪村的裕昌樓（圖4）（24°35'37.47"N，117°2'30.72"E），此樓建於一三〇八年（元武宗至大元年），距今七百餘年，地球上去哪找一幢蓋了這麼長時間還沒倒的民房？元朝滅亡了，房子沒跟著傾頹；朱元璋建立明朝期間，天下大亂、處處饑荒，房子依然屹立不搖；明朝中期經歷倭寇侵擾、盜匪橫行，圓樓堅挺如故；明朝覆亡了，滿人入關建立清朝，接著民國建立，再接著軍閥割據、日本入侵、國共內戰，裕

←【圖 4】最古老的裕昌樓和田螺坑土樓距離很近，拐個山谷就到了。

↑ 不是你眼花，這些柱子真的是歪的。

→ 裕昌樓內半數的一樓廚房都擁有獨立的水井。

昌樓始終立在大眾眼前，真是個奇蹟！說不定筆者在臺北買的房子五十年後拆掉時，裕昌樓還穩穩地矗立著呢！

裕昌樓高達五層樓，是已知樓層數最高的圓形土樓，由於高齡七百，還經過無數次地震，內部的木造結構變得東倒西歪，所以外人又稱此樓為「東倒西歪樓」，雖然歪歸歪，此樓仍住著許多住戶。

裕昌樓還有一個特色，一樓半數的房間擁有水井，對於位在一樓的廚房烹煮需求極為便利，這種特色未曾在其他土樓中看過。

⊕ 最有名的土樓

名氣最大的土樓當屬承啟樓（圖5），中國郵政在一九八六年發行的中國民居郵票中，第十三枚郵票圖案就是承啟樓。承啟樓位於福建省龍巖市永定縣高頭鄉高北村（24° 39'48.64"N，117° 0'15.54"E），又叫做天助樓。一七〇九年（清康熙四十八年）建成，坐北朝南，直徑七十三公尺。

此樓由四個同心圓的環形建築組成，全樓共有四百零二間房，鼎盛期有六百多人住在裡面，扣掉老少，還有相當於兩個連隊的兵力，樓內自有水井，只要囤積足夠的糧食，守禦能力相當驚人。

←【右】由於樓內沒有開闊地，水井就設在一間房內。如此一來，居民打水時，也就不怕淋雨了。

←【左】呈環狀的通廊，走起來似乎沒個止境，一圈一圈，一代一代，承先啟後。

↓【圖 5】巨大的承啟樓，擁有四百零二間房，由外而內有四環。

↑【圖 6】和貴樓是高度最高的土樓，二樓以上的出簷，伸展面積相當大，原本有些年久失修，如今已重修完好。

→ 蓋在沼澤地上的和貴樓，雖然歷經二百八十年仍然屹立不倒，但是從照片中已可看到中間微微下陷，正面牆壁出現兩條巨大的裂痕。

⊕ 最高的土樓

高度最高的土樓應屬和貴樓（圖 6）（24° 39'39.55"N，117° 5'18.71"E），位在南靖的和貴樓是方形土樓，建於一七三二年（清雍正十年），原本是四層，在一九二六年遭到祝融之災後重修，重修往上加一層，成了五層樓，無意中成了最高的土樓（高二一．五公尺）。

最特別的是整幢土樓竟然蓋在沼澤地上，站在土樓的中庭，往上跳躍後重踩地面，可以看到水從地面石縫中湧出，這樣的房子竟然能好端端地站在那裡兩百八十多年，真是特別。既然坐落在沼澤之上，院子裡的井應該隨便挖都有不錯的井水才對，和貴樓院內有兩口井，一口確實井水清澈見底，另一口卻混濁難清，居民只好一口拿來飲用，一口拿來洗滌，倒也實用。

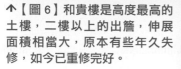

←【圖 7】鎮福樓是所有圓形土樓中，直徑最大的土樓，年代也相當久遠，想當年在興建此樓時，鄭和剛下西洋呢！

最大的土樓

土樓旅遊資料常寫福建省漳州市南靖縣最大的土樓是順裕樓，外圍直徑達八十六公尺，不過若是縱觀所有的圓形土樓，最大的應該是位在廣東省潮州市饒平縣上饒鎮馬坑村的鎮福樓（24°7'50.03"N，116°53'16.73"E），鎮福樓建於一四一三年（明永樂十一年），樓形略呈橢圓形（圖7），南北向長軸可達九七．七公尺，若是連樓外的外環一起算進去，直徑更是達到一百五十公尺。

光是鎮福樓就已如此規模宏大，若再放眼周遭，用Google Earth從空中鳥瞰，可以看到綠色田野、灰白道路和深灰色屋瓦所構成的各種幾何圖案，建構出一幅難以想像的神奇景觀，而且這樣的聚落綿延在長三十公里的山谷之中，散落了八十四座圓形土樓，加上其他諸如半圓形、馬蹄形、弧形等各式各樣的土樓上百座，真是蔚為奇觀！

←【圖 8】雲霄菜莆堡運用灌溉渠道當作護城河，可想見遭受攻擊時，僅需嚴防沒有護城河的另一半。

最大的土堡

鎮福樓是最大的土樓，位在福建省漳州市雲霄縣的菜莆堡（23° 59'57.35"N，117° 20'7.16"E），是用土夯築起來的巨大土堡，從空中鳥瞰也是頗為壯觀（圖8），從菜莆堡大門量測整座堡的直徑，可以達到一百六十三公尺。

此堡與一般擁有城牆的聚落不同，有些地方是單純的土牆，多數地方則是如土樓般牆房合一。為了強化防衛能力，菜莆堡不但用土夯築圍牆，還引漳江之水環繞堡的周圍，形成護城河，同時成為農田的灌溉渠道，實在是極為合理、實用的設計。用護城河般的水道保護聚落的例子，在廣東省普寧市洪陽鎮特別普遍（23° 26'16.43"N，116° 12'20.21"E），甚至還有一圈又一圈，環中有環，環環相連的景象（圖9）。

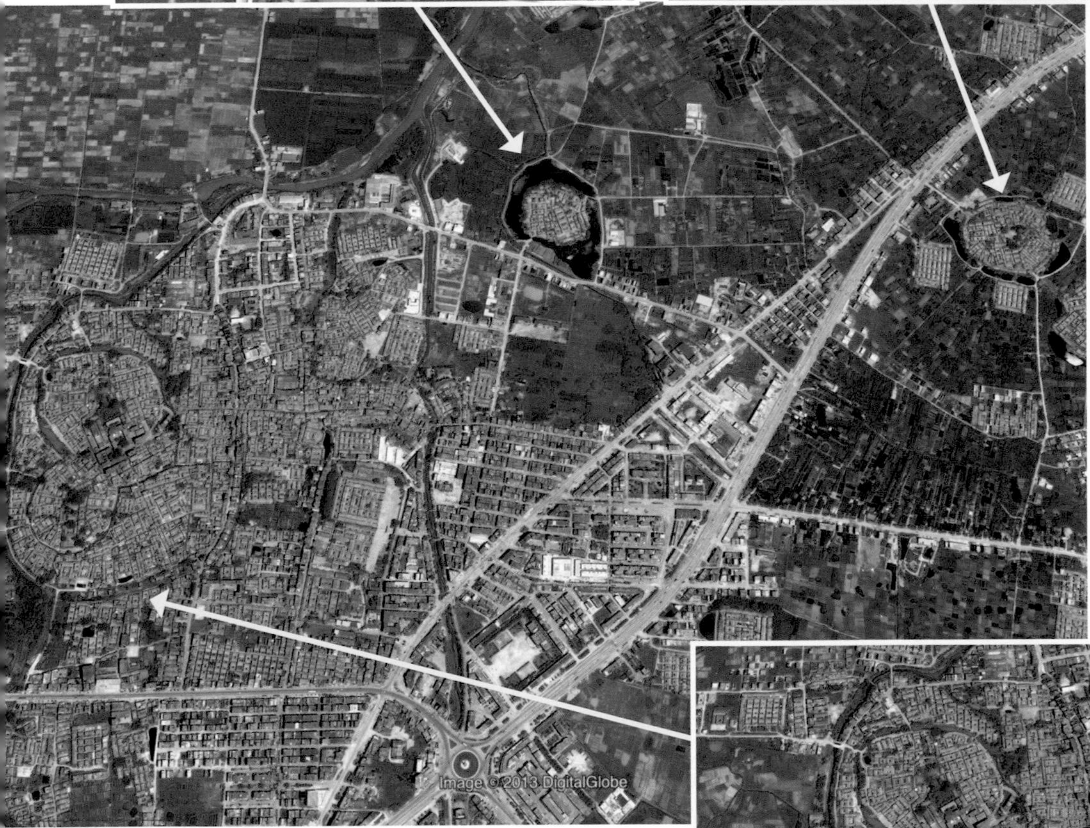

↑【圖 9】廣東省普寧市洪陽鎮地區有許多聚落以渠道、水塘來護衛聚落的安全。

←【圖 10】造型特別的道韻樓，是中國最大的八卦形土樓。

最大的八卦形土樓

有座土樓本來是要蓋成圓樓，沒想到三建三倒，最後歷經了一百一十年，直到一五八七年（明萬曆十五年）才把土樓蓋好，但是土樓已經從圓形改為八卦形。既然蓋成八卦形，所以整棟樓的許多組件設計都是八的倍數，例如天窗十六個、水井三十二眼、房七十二間、樓梯一百一十二座等。這幢最大的八卦形土樓叫做道韻樓（圖10），位在廣東省潮州市饒平縣三饒鎮南聯村（23° 58'36.43"N，116° 49'22.80"E）。

不論是八卦形還是圓形，每個房間的格局都是相同的，因此無從區別尊卑，傳統三合院、四合院的左尊右卑，在圓形土樓中根本無法適用，而在過去宗族、家戶均有宗長輩分的制度與觀念下，圓形土樓這種空間平等的安排，實在是過去傳統社會裡的特殊現象。

土樓極點

八百一十五幢圓形土樓中，位置最南的圓形土樓位在廣東潮州市東（23° 37'53.14"N，116° 42'37.23"E），位置最西邊的也是在廣東潮州市東（23° 38'37.52"N，116° 41'39.67"E），離海最近的圓形土樓則是在福建省漳州市詔安縣（23° 42'10.28"N，117° 3'40.30"E），最內陸的則是位在福建省龍巖市（24°50'13.02"N，117°4'3.80"E），而位置最北的是名氣很大的二宜樓（25°1'24.80"N，117°41'12.80"E）。

二宜樓建於一七四〇年（清乾隆五年），外牆直徑七三．四公尺，「二宜」兩字實在取得不錯，可以填入許多想像，例如：宜山宜水、宜家宜室、宜內宜外、宜兄宜弟、宜子宜孫、宜文宜武等。對所有的圓形土樓來說，二宜樓的位置顯得有些孤單，除了旁側一幢東陽樓外，周遭很難再看到其他的圓樓（圖3）。

⊕ 四菜一湯

最為一般人熟知的土樓照片，筆者猜想應該是名之為「四菜一湯」的田螺坑土樓群（圖4）。此樓群之所以有名，實在是因為照片拍起來很好看，一方三圓一橢圓的五座土樓全擠在一起，而且位在半山腰，公路打從土樓群的上方經過，攝影者很容易俯拍，而後繞到土樓群的對面山坡下公路，剛好適合仰拍，不論是誰來按快門，大致都可以得到一幅令人滿意的照片。

筆者曾在此處住過幾天，認識了一些土樓裡的居民，沒想到後來竟可能因此挽救了田螺坑土樓群被焚燒的命運。

事情的關鍵在於資源分配的問題，田螺坑土樓自從申報世界文化襲產成功之後，遊客絡繹不絕，進來參觀要收門票，可是門票收入該不該分給當地居民呢？顯然居民是很不滿意沒分到任何好處的。

後來我從當地居民的一通來電中得知，他晚上要趕回田螺坑，因為當地父老揚言要放火把房子燒掉，我在電話中苦勸他千萬不可貿然行事，若是這把火一燒，有道理也變成沒道理了。不知是否苦勸產生了影響力，田螺坑土樓群現在還在原來的位置上就是了。

最有fu的土樓

筆者走過的諸多土樓之中，要說起印象最深刻的，反而是未經報導、未經商業化，隱藏在深山中的隆興樓（24°34'5.28"N，117°9'31.84"E）（圖11）。隆興樓不大，但所在地勢險要，走到樓前山腳之下，抬頭仰望，眼前所見的土樓，簡直就像是電影裡的祕密山寨，超級有fu。山腳上平坦地不多，當年建造這間土樓的居民，不知耗費了多少精力，用石塊一塊一塊地鋪起高高的基礎，然後才夯築土牆並修築木造結構，整個結構令人讚嘆不已。

如今住戶不多，樓裡有許多空房，環形樓間的通道，因為行走的人稀少，石頭上的青苔把步道染成一片綠，漫步其間，只聽聞自己的呼吸聲，陣陣涼風襲來時，頗有蒼涼之感。

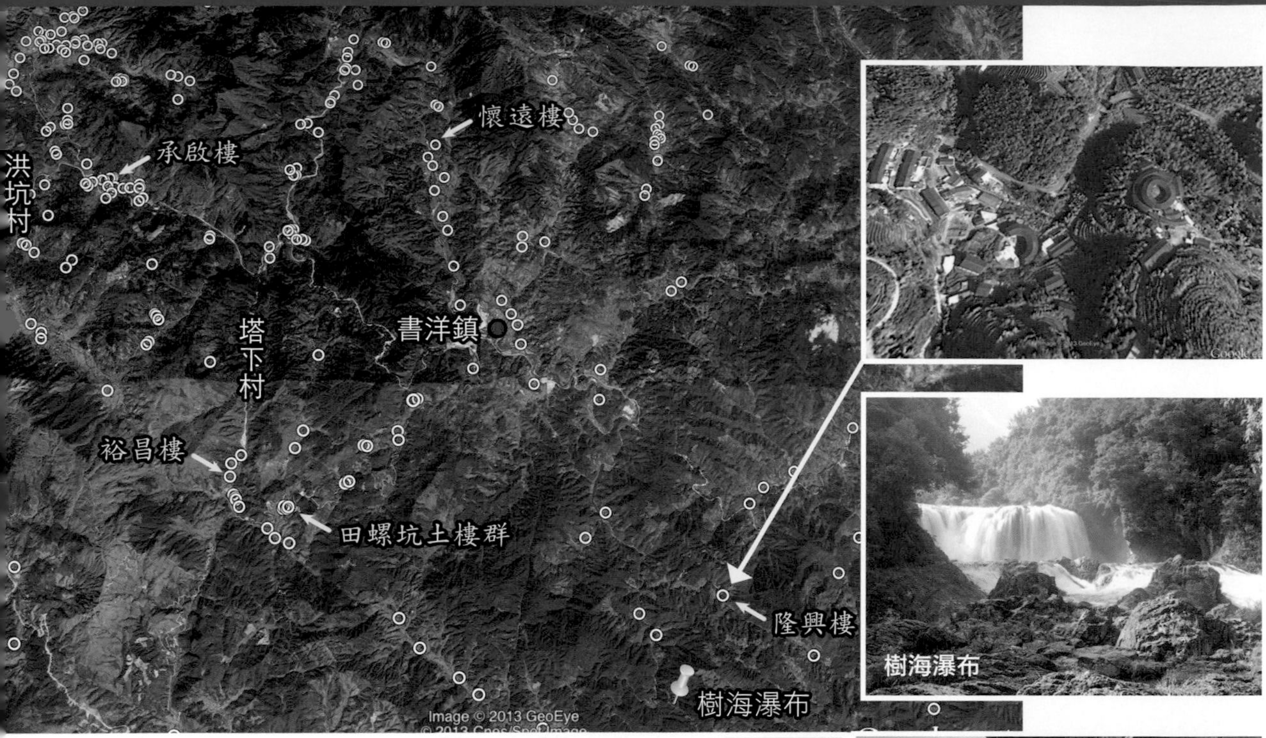

↑【圖 11】南靖土樓群分布圖

↓→ 隆興樓

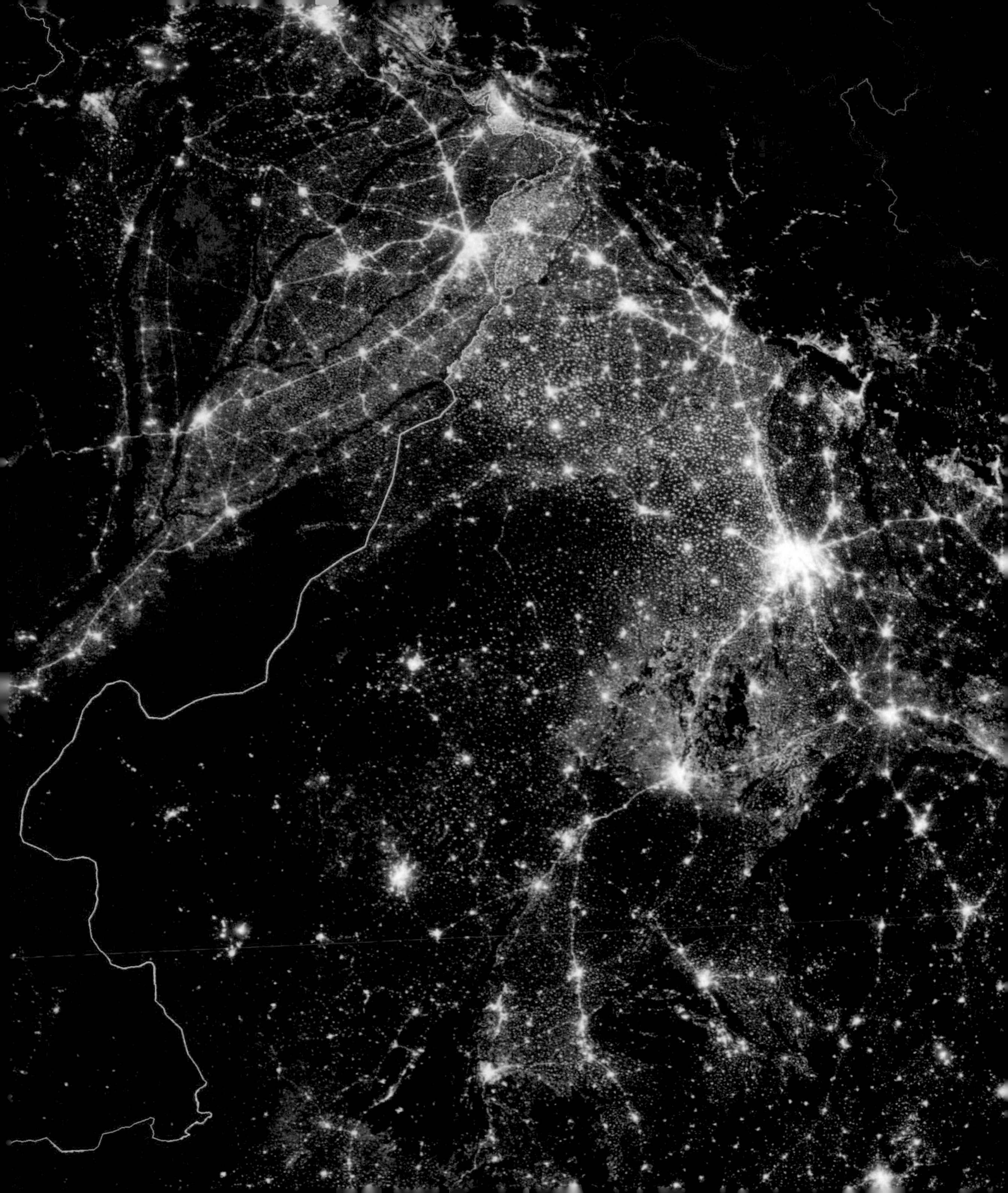

II 時空互動

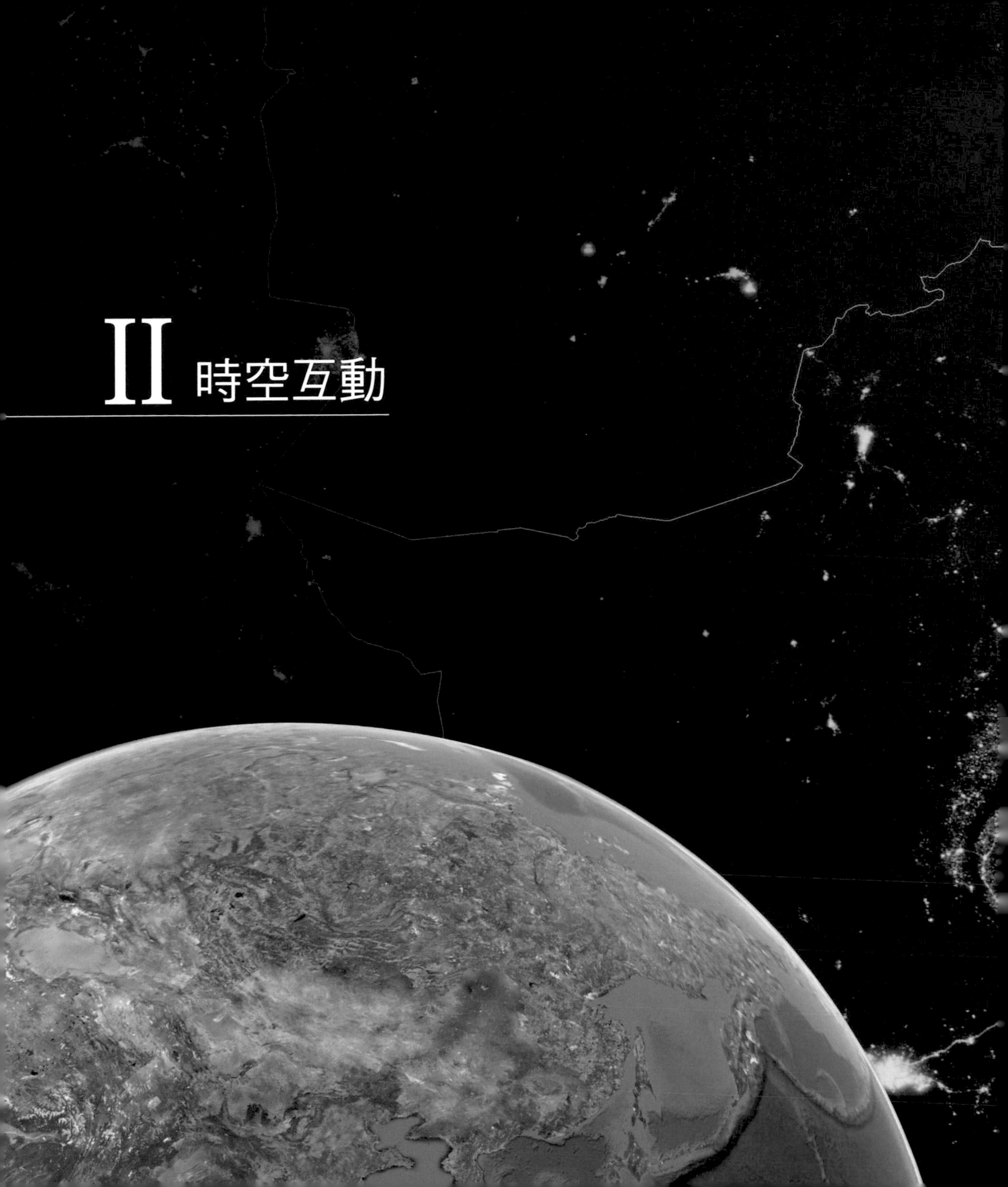

06 巨人的滑水道

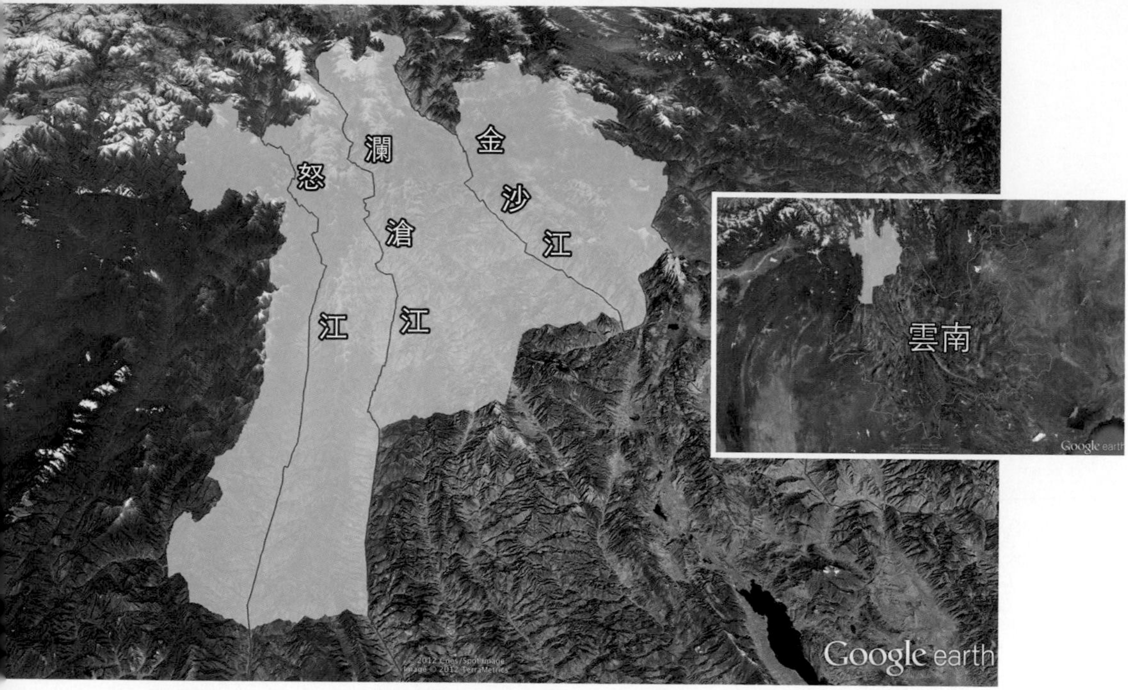

↑【圖 1】三江並流是指金沙江、瀾滄江和怒江在雲南西北部並行奔流的奇觀，其間瀾滄江與金沙江最短直線距離為六十六公里，而瀾滄江與怒江的最短直線距離不到十九公里；總面積一．七萬平方公里，大約有半個臺灣大小，是中國境內迄今為止面積最大的世界襲產。

在中國雲南的西北角與西藏的交界，有一個神奇的地帶，三條巨流並排，從北而南、由高而低地順流而下（圖1），似乎是巨人專用的滑水道，卻不知是誰建造的。

三江並流風貌特殊

這個神奇地帶其實是由印澳板塊推擠歐亞大陸板塊所造就出來的。印度原本是個獨立的大陸，板塊持續向北漂移的情況下，一頭撞進了歐亞大陸的南側，日以繼夜、年復一年的推擠，推出了世界的屋脊，也就是平均海拔高度四千五百公尺的青藏高原；青藏高原南側甚至推出了一道巨大無比的牆壁——喜瑪拉雅山。然而喜瑪拉雅山東側呢？除了推擠摺曲之外，幾道山脈與河谷還

↑【照片 1】卡瓦格博峰海拔六千七百四十公尺，是雲南第一高峰，英、美、中、日等國登山高手都曾嘗試攀登，至今無人攀登成功，後因尊重藏人信仰而禁止攀登。

硬生生地被擠壓到轉了一個大彎，轉成了南北向，由於落差極大，河水在南北向的山谷中由北向南奔流，水勢長期切割河谷，河谷想要不深都很難。

山高谷深的地形對此處產生了很多影響。首先，高度的落差直接影響到氣溫的變化：日正當中時，山頂冷到下雪，河谷底部卻熱到像位在赤道。而此區最高峰梅里雪山主峰卡瓦格博峰上（照片1），卻覆蓋著萬年冰河，冰河從雲霧繚繞、海拔六千七百公尺的峰頂一直延伸至海拔二千七百公尺的明永村一帶，這條明永冰河屬於低緯度的熱帶季風海洋性現代冰河，由於緯度低、氣溫高，冰河的消融速度很快，運動速度也很快，站在冰河旁，不需要花多久時間，一定可以聽到、看到冰河破裂、墜下、撞擊的聲音和畫面，相當令人震撼。

其次，降水也受到強烈的影響：三江並流區屬於滇西縱谷北部，夏季時西

↑【照片 2】站在金沙江畔，耳邊聽到轟隆隆奔流的江水聲，眼睛卻看到江畔的仙人掌，此處年降雨量二百～三百公釐，近乎是沙漠的降水量，形成仙人掌與滾滾江水並存的獨特景觀。

↑【照片 3】水氣受到山脈阻擋，山頂的降水反而豐富，因此綠色植被的覆蓋率較高，愈向山谷降水量愈少，只有零星的耐旱植被。

南季風帶來印度洋水氣，但由於山高谷深的地形，水氣輸送受到層層山巒的阻擋而順坡爬升、冷卻、凝結，最後在山頭和山腰降雨或降雪，但山腰以下卻沒什麼降水量的來源；於是產生了一種奇趣的畫面，當你站在金沙江江畔，耳邊聽到江水轟隆隆奔流的聲音，眼睛卻看到江邊不遠處，長了一些適合在沙漠中生長的仙人掌（照片2），整個河谷除了仙人掌之外，一片乾枯，彷若沙漠（照片3）。若是撇開江河不看，一切似乎沒有任何異狀，偏偏身處沙漠般的環境卻眼見滾滾江水，這種矛盾的趣味，可不是到處都有的呀！

聚落宛如沙漠綠洲

無論是沿著金沙江、瀾滄江，還是怒江，聚落都是一個點一個點地分布在河岸兩側稍微平坦的地方，這些聚落大多保持著古老時期的景象，房子建築外型簡單，材料粗獷，直接用原木樹幹堆砌成屋牆（照片4），站在屋內可以透過圓木與圓木間的縫隙看到外面，不難想見時不時會有蟲蟻爬進飛出。

➔【照片 4】三江並流區由於交通不便，加上居民收入不高，房子建造的外型簡單，材料粗獷，經常直接用原木樹幹堆砌成屋牆。

在文化方面，各少數民族的獨特文化，至今依然保有原汁原味的樣貌，因此吸引了無數遊客、民族文化學者的目光。究其原由，就是因交通不便，每個聚落就像是「河谷沙漠」中的綠洲，其他文化要進入這個地區，要從一個綠洲推進到更深入縱谷的另一個綠洲，困難度當然愈來愈高。

一彎一拐發現驚奇

一層層大山大水都是南北走向，造成東西交通的阻隔，由東往西愈深入，交通就愈困難。從東邊算起第一道大江是長江的上游叫金沙江，當年忽必烈揮軍南下準備滅了大理國，士兵在石頭寨子附近勇渡洶湧的金沙江，石頭寨子的居民顯然是看傻了，乾脆識時務地投降。

今日依然見得到這處石頭寨子，而且因對外交通依然不便，寨子的改變不

↑【照片 6】金沙江畔的石頭寨，依江邊險要地勢而建，寨內有一百零八戶，人口增加後往寨外發展，目前寨外已有一百三十多戶。

↑【照片 5】石頭寨內有許多角落極為「原汁原味」，彷彿有時光回溯的錯覺。屋內的家具不怕偷，因為是從整顆石頭中鑿出來的。

大，有些角落甚至令人懷疑是否從元朝以來一直保持著原狀（照片5）。整個石頭寨依著金沙江邊一大塊凸起傾斜的岩層而建築（照片6），道路都是闢石為路、鑿石為階，寨子後門到江邊的水平距離是四百五十公尺，高度差卻有二百一十二公尺，等於每往前一公尺就升降了四十七公分。

由於山高谷深、地勢險峻而少有平地，家家戶戶都養騾子作為搬運工具（照片7），而寨外全是梯田，梯田高低海拔落差大，加上前述的地形因素，水稻、小麥都能種植，金沙江邊海拔一千五百公尺還能種上芭蕉；隨處可見的仙人掌每到開花結果時刻，總能提供一份香氣獨特、甜而不膩的盛夏點心。

臺北高樓林立，視野很難開闊，然而石頭寨的房屋內總有一片窗可以擁有像臺北一〇一觀景臺的視野（照片8）。寨裡的人是幸福的，但是走在路上可得小心，人、豬、騾子和家禽的排泄物，經常肆意橫流，走在騾子後面，看著騾子排糞的畫面是絕對少不了的。

⊕ 雙腳走出茶馬古道

這個三江並流、大山大水、山高谷深的區域，有一條存

→【照片 7】石頭寨的先民依著地勢鑿石為階，整個寨裡的道路都是直接開鑿地上石頭而成。家家戶戶都會養各種牲畜供應生活所需，騾馬是不可或缺的交通工具。

↑【照片 8】從石頭寨往外看，寨外山坡遍布梯田，寨外的建築依山而建，家家戶戶都有絕佳的視野。在此處比年收入沒有多大意義，比寧靜、比空氣的清淨、比睡個好覺的次數更有點意思。

↑【圖 2】茶馬古道的歷史悠久，不但是貿易之路，也是文化交流的通道。

在著至少一千三百年歷史的茶馬古道（圖2）。青藏高原海拔高、氣溫低，藏人飲食缺乏蔬菜，酥油茶是不錯的替代品，但是藏區不產茶，而內地騾馬需求量大，於是「茶馬互市」的交易便順勢形成。

茶馬古道可算是目前世界上地勢最高的貿易通道，一開始的古道正如其名，是為了互相交易茶葉和騾馬，後來慢慢演變成民族遷徙的走廊、佛教東傳的通道；到了抗日戰爭的生死存亡之際，甚至成為國家重要的生命補給線。

這條古道是由無數的生意人兼冒險家用雙腳一步一步走出來的，光是南北兩條主線加起來，總長度達七千公里，等於環繞臺灣九圈的距離。然而茶馬古道實際上是個交通網絡，除了主線之外，還有無數支線，實際總長度是難以精確計量的。

茶馬古道在今日當然已不復有當年運輸的功能性，但是古道沿線擁有無數

↑【照片 9】土司住的房子彷彿是漢人皇宮的縮小版。（下）麗江市鎮百姓住的屋宇建設得整齊又潔淨。

←【照片 10】束河鎮的老石橋歷經數百年馬幫以及人群的踩踏，橋面石塊在磨損中展現光滑。

令人讚嘆的自然奇觀和人文襲產。「昆大麗」是臺灣人比較熟悉的旅遊路線，指的是昆明、大理和麗江，其中以麗江最具特色，擁有大量的古建築。

明代徐霞客筆下的麗江是「土司住的房子和漢人皇帝住的一樣漂亮」、「老百姓的社區整體營造整齊又繁榮」（照片9），然而當年納西人的祖先從四川遷徙到這個壩子，最先落腳的地方是麗江古鎮北方五公里的束河古鎮。當時麗江還是一片低濕的沼澤，束河鎮上有許多人參與馬幫，至今還有些坐在老橋旁的老人，可以和旅客談談當年在茶馬古道上勇闖天涯的老故事。

而老人腳下的老橋，光滑質樸的石塊，透露出多少人生歲月和辛勤勞動的承載（照片10），時至今日，束河古鎮和麗江古鎮吸引無數遊客前來旅遊，觀光旅遊帶動古鎮的重新發展，古鎮在光鮮亮麗的包裝下開啟了新的歷史章節（照片11）。

壩子

「壩子」是雲南、貴州地區對於山中盆地或河川沖積平原的稱呼。

↑【照片 12】美到讓人感到身心空靈的瀘沽湖，岸邊的獨木舟是用整根樹幹挖空而成，水面上的白點則是不遠處的水岸植物飄落下來的花瓣。

↑【照片 11】近年來束河古鎮緊隨麗江之後快速發展觀光旅遊，也開始展現不一樣的風情。

未來的婚姻？

麗江東北方兩百公里處有個美麗的湖泊，名為瀘沽湖（照片12），面積相當於六個日月潭，湖畔住著摩梭人（圖3），摩梭人是個真實存在的女兒國，力行「結合是自願，分離是自主」的走婚制。

男女雙方透過篝火晚會的團體舞蹈表達情意，男子會在中意的女孩手掌心用手指摳一摳，女子若是也有意，就會用手指回摳；晚上男子就可以開始到女子的花房裡相會（照片13），但是天亮之前就必須離開，即使刮風、下雨，甚至下雪也是一樣。女子在同一時間只會接受一個男子（稱作阿夏），若是有一天女方覺得不想繼續在一起，只需把阿夏的衣帽放在房間門外，男子看到後自會離開而不再來。

若是女子懷孕生下小孩，小孩歸屬女方，由孩子的母親和母親的兄弟一起撫養，生父無須負擔撫養責任，當然男子也會撫養自家姊妹所生的孩子；如此一來，同一個屋簷下都是由一位女性的血緣所組成。這樣的好處是沒有情殺，少有分家，很多工業社會小家庭常見的社會問題，在這裡都不易看到。

二〇一一年，臺灣有五萬七千對夫妻離婚，平均每十分

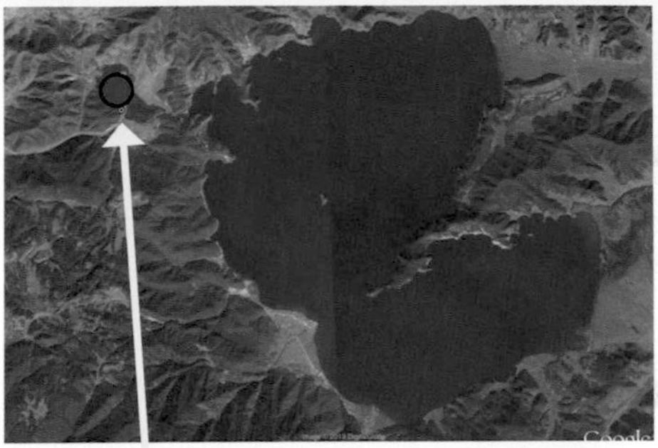

→【圖 3】摩梭人住在瀘沽湖畔，是個真實存在的女兒國。

↑【照片 13】摩梭人實行走婚制，祖母房對面的二樓就是家中十三歲以上女孩的花房，阿夏只能晚上來，天亮前就必須離開。祖母是家中地位最高的人，掌管家中財政，負責分配工作與照顧全家飲食，祖母房正中必有一火塘，火塘之火終年不熄。

←【照片 14】宣科和他的大研納西古樂會，牆上的老人遺照都是過去的成員。

鐘就有一對夫妻離婚，離婚率高的原因很多，其中一項根本因素是——現代人的壽命變長了！一百年前英國人的平均壽命不過四十歲左右，剛下定決心要離婚，說不定就死了，離婚率要高也難。想想看現在剛出生孩子的預期壽命是幾歲，若是他們可以活到一百三十歲，而在三十歲時結了婚，豈不是要和另一半共同生活一百年！即使是最浪漫的人，我想也會因此感到猶豫不決。

顯然壽命變長，有許多社會制度必須跟著調整，舉凡婚姻、倫理、教育、退休等都勢必要改變才行。或許返樸歸真回到原始的走婚制，是個可能的大方向。

那山、那人、那廟

三江並流區幅員廣大，面積相當於六十三個臺北市，有多種族群生活在這廣大的區域，除了漢人以外，更多的是藏族、納西族、傈僳族、彝族等二十二個少數民族分散聚居。這裡可以看到山岳冰河、針葉林海、原生杜鵑花等同時在眼前並存；可以看到純樸的農民、牧民，過著需求不多的自足生活；甚至可以聽到流傳數百年的古老樂章、看見歡樂繽紛的傳統歌舞。

納西古樂在麗江充滿著傳奇，靈魂人物當屬音樂民族學家宣科，他年輕時坐牢二十一年，重獲自由後開啟了納西古樂的新生命，被稱為「納西古樂之父」。他成功論證流傳於麗江地區的〈紫薇八卦〉是唐朝皇帝李隆基親自譜曲的宮廷音樂，與已失傳九百多年的〈霓裳羽衣曲〉為同期御製，還論證了〈浪淘沙〉是南唐後主李煜所作。宣科更積極重建古樂隊，找來一群年屆古稀的老人演奏這些幾

←【照片 15】阿牛發心創辦一所藏文學校，辦得有聲有色，因而遠近馳名。

百年前的古樂，每次演奏時，總會指著牆上的照片說明這些正在演奏的老人，也許過不了多久也會成為牆上的照片之一了（照片14）。

筆者是個音癡，根本不懂音樂，在雲南古鎮聽著一位中年樂手用笛子獨奏一曲，竟然感動到流下眼淚，這樣的心靈震撼永生難忘。

大山裡交通不便、經濟不富裕，孩子們的就學之路真不容易，石頭寨裡唯一的學校是寶山完小，多數學生都住校，隨便問一個住校學生家住哪兒，大多是走路要走半天到一天的路程才能回到家的地方。

德欽有個不識字的阿牛辦了一所普利藏文學校（照片15），大部分學生是孤兒，學校裡漢、藏文都教。學校所需經費主要靠樂捐，有些師資則以志願任教的老師為主。校長阿牛的動機很簡單，他要讓孩子有尊嚴地活下去，各方捐款處理得也很好，因此得到地方教育單位的認證，學校辦得有聲有色。

普利藏文學校算是稍具規模，大山裡的路邊偶爾會出現像「白馬雪山大眾慈善學校」的「學校」（照片16），之所以將學校二字強調出來，實在是很難從外觀上看出來是所學校。

大眾慈善學校是由東竹林寺兩位喇嘛創辦的學校，專門收容孤兒，師資也是靠著偶爾路過此地的熱血教師來結緣。教室、黑板、桌椅全是自製，沒有電、沒有燈，教室總是黑幽幽的，吃飯時，學生們拿著自己的餐具（各式各樣），走進餐廳吃飯，五、六個孩子坐一桌，桌上只有一個裝菜的臉盆，裡頭就是全部的伙食。這樣貧困的場景位在熱門旅遊路線的路旁，很容易激起大眾的同情心，於是熱心留下來教書的天使愈來愈多，捐款也愈來愈多；不久開始有志願教師投書網

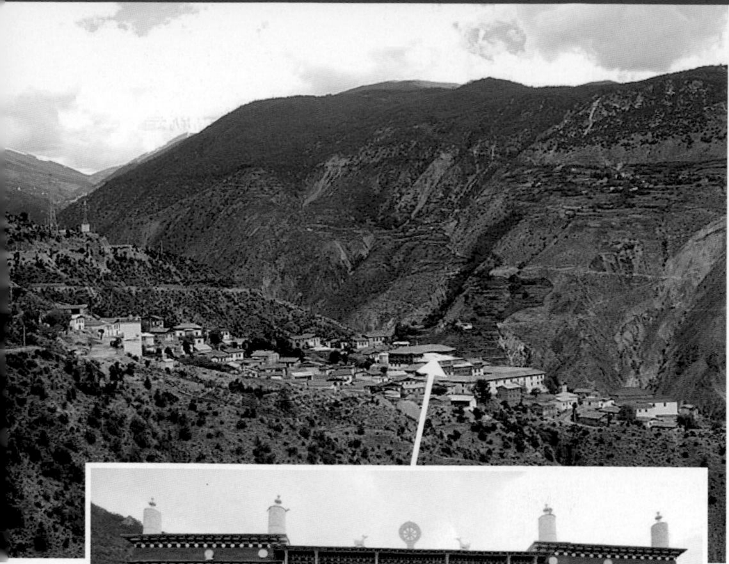

↑【照片 17】位在滇藏公路旁的東竹林寺，離奔子欄僅二十三公里，因交通方便，香客頗多，目前有僧侶三百多人。

→【照片 16】東竹林寺的兩位喇嘛辦了這所大眾慈善學校，設備簡陋、伙食極差，因而吸引許多善款。但隨著善心捐款增多之際，卻出現貪婪和財務問題。

路，細說校長如何侵吞捐款，故意用最糟的伙食來博取同情……一幕又一幕似曾相識的劇情，上演著禁不起試煉的貪婪人性，只有主角、配角不斷換人罷了。

在物質資源貧乏的地方生活，要靠精神上的安慰與支持，知足是很重要的生存道德，寄希望於來生是社會穩定的基石。三江並流區的喇嘛寺廟林立，近年因旅遊業興起，寺廟若位於旅遊路線上，幾乎都成了觀光熱點而聲名遠播。

位在德欽縣、有三百四十六年歷史的東竹林寺（照片17），鎮寺之寶是一幅長八．五公尺、寬五．二公尺的大型唐卡，是用五彩絲線精織而成的護法神像。雲南最大的藏傳佛教寺院是位在中甸郊區有三百三十四年歷史的松贊林寺，松贊林寺最大特色就是具有如古堡的建築群，僧人多達七百多人，雖然和拉薩的布達拉宮僧人最多時達到二萬五千人沒得比，但已是川滇一帶的黃教中心，被

←【照片 18】松贊林寺距中甸縣城五公里，中甸也就是著名的香格里拉。主建築扎倉，意思是僧院，是僧眾學習經典、修研教義的地方。

↑ 廚房門口掛著「女性禁止進入」，入內一探，無甚特別之處，角落一個巨大的打酥油茶茶桶最為醒目。

↑ 廚房牆上掛著整齊的鍋具，均為銅製，看來每個應該都頗有歷史。

↑ 寺內懸掛的唐卡

譽為小布達拉宮（照片18）。

滇藏區喇嘛廟多不足奇，深山裡有教堂就厲害了。兩百多年前（十八世紀中葉），西方天主教士到滇西北傳教，過程極為艱辛、危險，爆發過數次衝突，導致教堂被毀、教士被殺；而原本的茨中教堂（圖4）也曾被毀，現址是後來搬遷後，運用清朝廷的賠款，花了十二年時間於一九二一年重蓋完成的。

負責重建的法國神父伍許冬在完工前一年過世，就安葬在教堂旁的葡萄園裡，墳墓旁種有一棵伍神父從法國帶來的桉樹，隨著時間的灌注，這棵樹的樹幹已巨大到要四個人才能環抱。受到法國神父的影響，教堂所在的茨中村村民，家家戶戶都會釀製葡萄酒，平時喝點紅酒成為村民生活的一部分，而鮮血、仇恨、偏見早已隨風消逝。

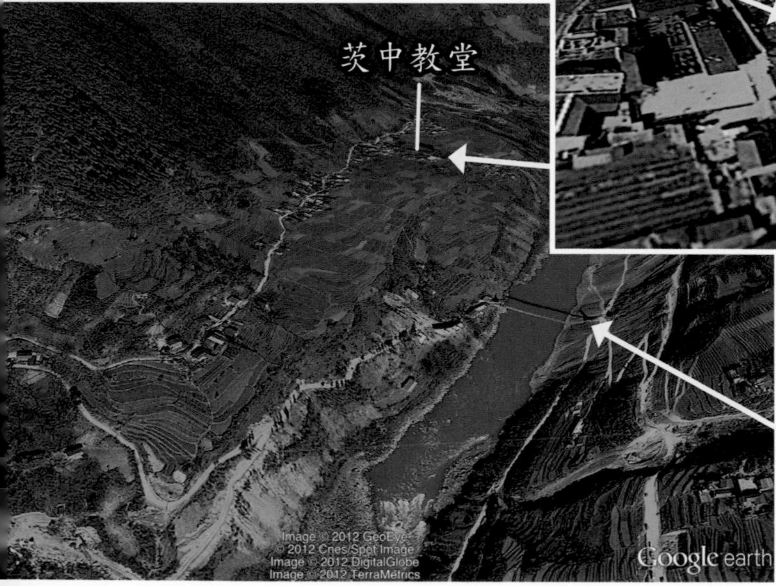

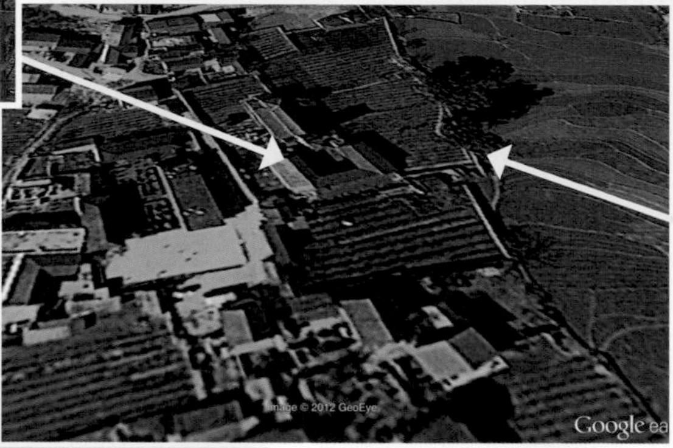

↑【圖 4】從德欽順著瀾滄江過來，可以看到江畔的茨中村，在篤信藏傳佛教的地區竟然有座天主教堂，可謂奇蹟！

07 納西的自然

↑【照片 1】朵瑪是用以獻供的酥油雕塑品，在西藏傳統儀式中，占有重要的一席之地，如今已發展成為一項宗教藝術。

世界上還有人使用象形文字書寫，你相信嗎？雲南麗江地區的納西族裡，有群東巴祭司至今依然在吟誦、撰寫這些「活化石」般的東巴文。

在這個古代絲綢之路與茶馬古道的中轉站上，至今仍保有南宋時期建築的樣貌，更加令人嘖嘖稱奇的是，麗江古鎮在建築整個聚落時，對水的觀念與運用，有著相當「先進」之處。

⊕ 早於藏傳佛教的苯教

至少在四千年前，西藏地區發展出一種原始的宗教形態，稱之為「苯教」。「苯」字蘊涵有萬事萬物之意，而苯教也屬於多神論宗教，原始苯教本有殺牲祭神，甚至活人祭祀的行為，經過時間演變，逐漸將動物牲品與活人祭品，改

↑【照片 3】書寫著東巴文的杯墊，上面的象形文表示「幸福永遠」。

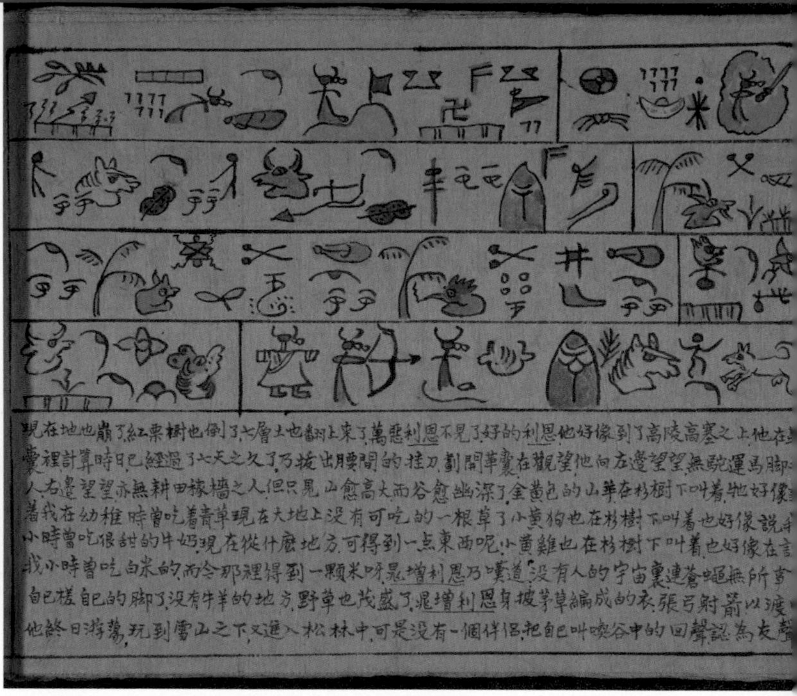

↑【照片 2】東巴文字手抄本《創世紀》首頁。

為用糌粑或捏或雕，形塑成多彩的花盤作為祭祀物品，也就是如今用酥油雕塑的獻供品——朵瑪（照片1）。

東巴教源自於苯教，東巴祭司是人與神、鬼之間的溝通者，居民請求東巴祭司協助所有生活大小事，舉凡病痛、興屋、消災、解厄，都會看到東巴祭司的身影，所以祭司的社會地位很高，祭司施法時，口中要念咒語，而咒語的學習是透過代代相傳註記在土紙上的東巴文（照片2）。

東巴文

東巴文是一種典型的象形文字，異體字特別多，經常可見到同一個字卻有六、七種大同小異的書寫方式，因為東巴祭司在書寫經文時，常會加上個人想法或表現個人與前人不同的體悟。去掉異體字，實際上東巴文的基本字詞有一千四百多個。

當我們在歷史課本中看到蘇美人的楔形文字、古埃及的聖書文字、中美洲的馬雅文字，一定會

↑【圖 1】麗江古鎮位在玉龍雪山南面的壩子上，納西人運用黑龍潭的湧泉導水入市。

有種時光回溯數千年的古老滄桑感，然而東巴文比上述文字更顯得原始而古樸。令人驚奇的是，東巴文並不是一種刻在石碑、石牆上，或是洞穴、墳墓裡，只能提供考古的、死掉的文字；東巴文是東巴祭司至今仍書寫、誦唱的活生生文字。

如今聯合國教科文組織已將東巴古籍列入世界記憶名錄，當然雲南的麗江市也成了重點旅遊城市，而運用東巴文製作的商品更成為最佳紀念品（照片3）。

⊕ 山中的盆地

麗江的所在正是金沙江旁邊高原上的山中盆地（圖1），北面有座橫斷山脈中的名山——玉龍雪山，玉龍雪山主峰有五千五百九十六公尺，五千公尺以上有冰河盤踞，山上冰雪融化之後，會灌注大量而豐富的地下水，地下水順著地勢往較低處流動；在麗江古鎮北緣，地下水面與地面交切，地下水湧出地面形成湧泉，湧泉積水成潭，稱為黑龍潭（圖2）。黑龍潭對麗江人而言，不僅是個水

↑ 麗江古鎮全景

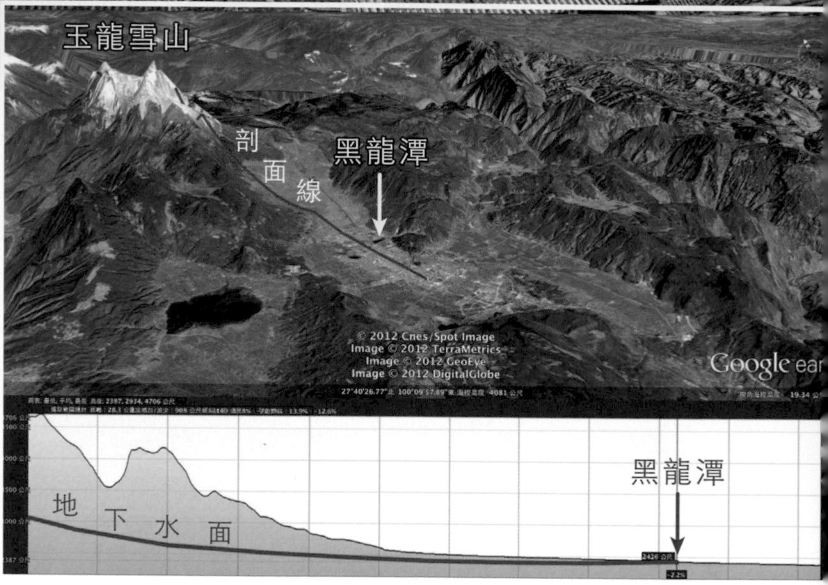

→【圖 2】從玉龍雪山到麗江古鎮的剖面圖可看出，雪水融化下滲成為地下水，地下水面與地面交切處形成湧泉，湧泉積水成黑龍潭。

源地、名勝旅遊地，更是城市的血脈與自動清潔地面的神奇水道。

麗江的納西人從北面的黑龍潭拉出了一條溝渠，然後一分三、三分九地穿越城市的主要商業大街與周邊街道，這些水道大致與等高線平行，但是渠道與渠道間有著高度上的落差，平時這些渠道平行於商業大街旁，渠道旁綠柳成蔭，渠道上十數步就有小橋橫越（照片4），渠道內鯉魚悠游水中，構成可以觀水、聽水、用水的宜人環境（照片5）。

等到街道上骯髒不堪時，只需把渠道下游處、四方街廣場旁的水閘門加以關閉，渠道的水會立刻滿溢而出，順著地勢橫越街道，地面的髒汙就隨著水勢流到地勢較低的另一條渠道（圖3），於是因熱鬧人潮造成髒汙的四方街，瞬間就靠著人造「洪水」溢流而清潔溜溜。這種因勢就下、順乎水理的做法，真是讓動不動就認為人定勝天的現代人，著實

←【圖 3】利用地勢和渠道的高低差，關閉四方街的水閘門，製造人工洪水，瞬間就可將四方街沖洗乾淨。

→【照片 4】清晨五點，尚未開市的麗江古鎮商業大街一景，小圳、小橋、柳樹、古建築加石板路，走在這裡真是不知今夕是何夕。

←【照片 5】黑龍潭之水引入麗江古鎮成為溝渠，溝渠之水不斷流動，清晨時非常清澈，即使到了入夜時分，水質仍有一定品質。麗江人在溝渠中養魚，一來美化環境，二來可以監測水質。

暗暗讚嘆不已。

另外，麗江古鎮為了讓路面耐用又能保持清潔，使用青石和紅色角礫岩來鋪設街道（照片6），如此一來，就能達到雨季不泥濘、旱季不飛灰的效果。孔子說：「智者樂水。」智者為何樂於見到水呢？因為智者的品格就如水般柔弱，卻又無所不達。納西人顯然是個懂水、愛水的智者。

一水有三用

納西人用水還有一個特色，那就是採用三眼井（照片7），三眼井就是一井分三眼，而且三眼相連，由高往低依序是飲用水眼、洗菜水眼、洗滌水眼。道理很簡單，最高的一眼拿來飲用，中間的拿來洗要吃的食物，最低的拿來洗手、洗腳都可以。

納西人愛水、護水，不僅是空間上的分配，而且做了時間上的支配。每日清晨時分是眾人取用飲水的時間，水不可拿來洗滌；早上十點之後才能進行洗衣、洗菜等洗滌工作，居民人人遵守，共享安全用水。

納西人用水是順乎天理、應乎自然、順勢而為，絕不逆天而行；用字是看形取形、看意取意的象形文字；納西人用水是自然的，用字也是自然的，納西人的文化基因裡正訴說著「自然」。

←【照片 6】麗江古鎮裡的街道使用青石和紅色角礫岩來鋪設，不但堅固耐磨，而且容易刷洗。門板與石板、朱紅與暗紅、開啟與承載，構成了一條時空甬道。

↑【照片 7】三眼井運用地勢高低的概念，展現了納西人順乎天理、應乎自然的用水觀念與方式。

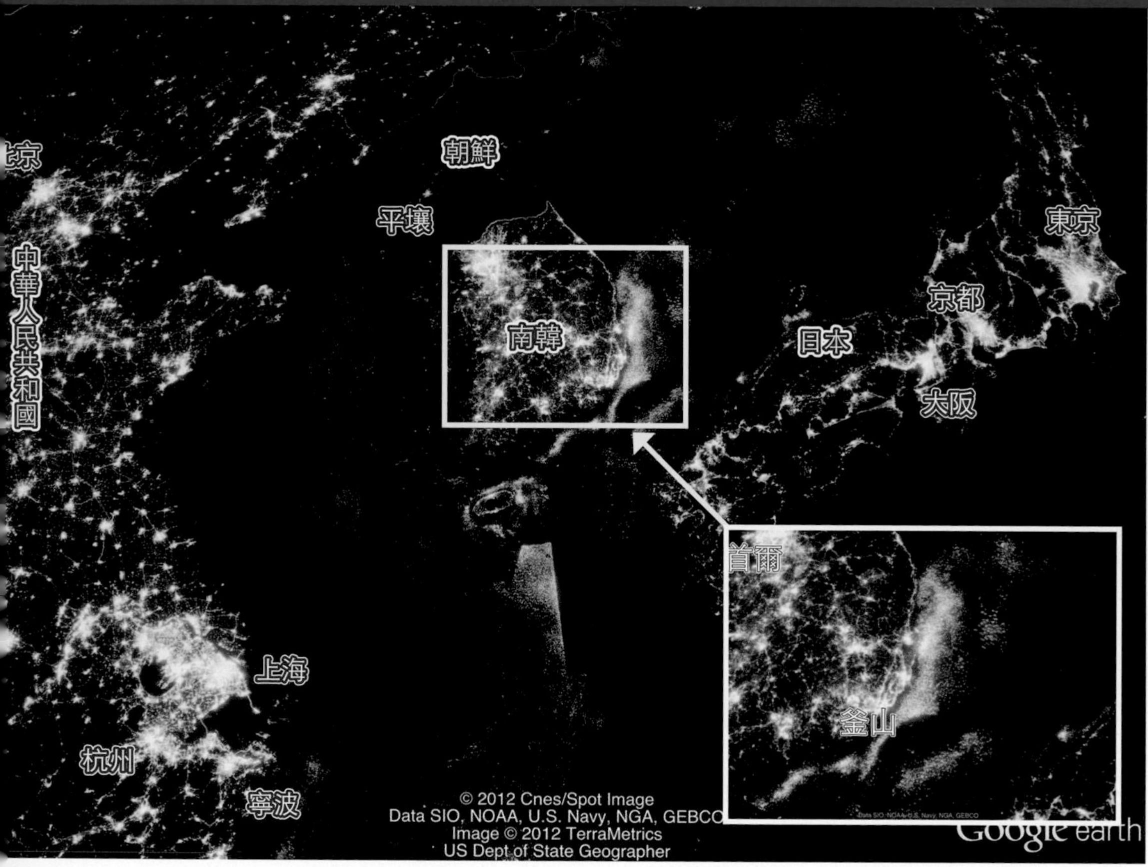

08 黑夜看世界

當地球轉到陽光照不到的黑暗處時，只要是有現代文明的地方，除非是有特殊的原因，否則一定會有一個共同的現象，那就是打開各式各樣的照明，發出各種各樣的光芒，把世界點綴得精采有趣。

東北亞

先把目光放在東北亞，這裡的夜晚真是燦爛輝煌。二〇〇六年時，日本的總GDP有五．一兆美元，中國的總GDP有二兆美元，南韓的總GDP有〇．六兆美元，此三國合起來有七．七兆美元。若把歐洲的德、英、法、義四國總GDP相加，大約有六．二兆美元。

當我們比較歐洲和東北亞的夜晚時（圖1），會發現東北亞的光亮程度與歐洲

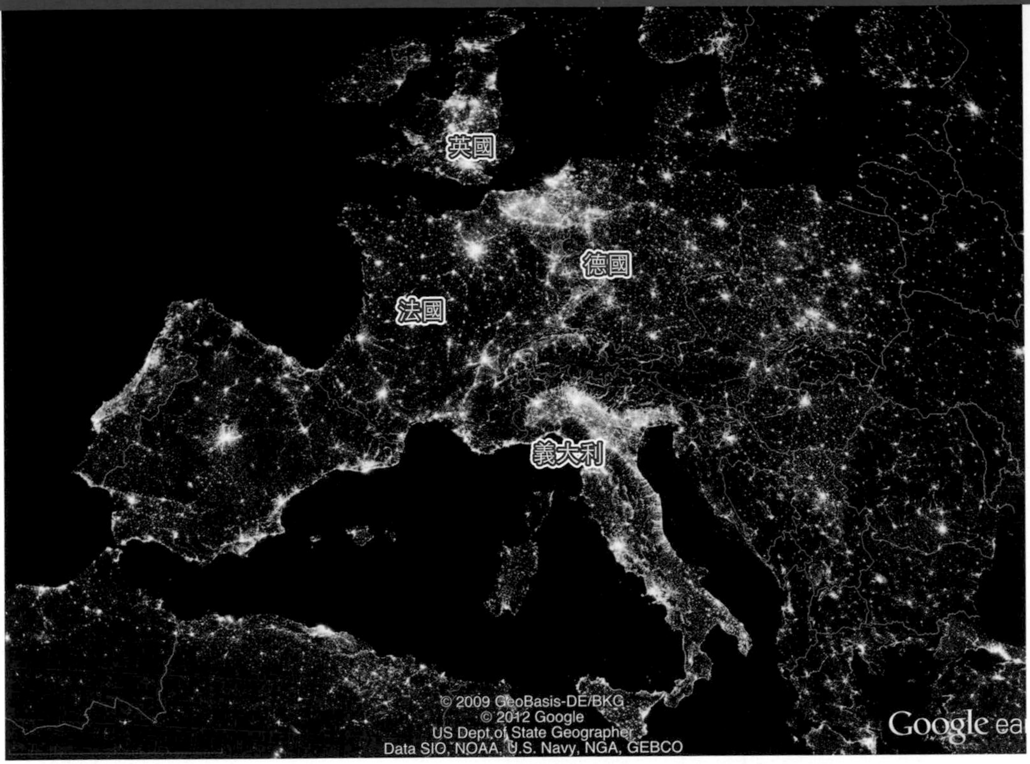

↑→【圖 1】右頁圖的東北亞中、日、韓與左頁圖的歐洲的德、英、法、義四國 GDP 相比，東北亞略勝一籌，在夜空之下的城市光芒同樣燦爛輝煌。經濟發展相對落後的西班牙、葡萄牙和東歐各國，很明顯地暗淡許多。

相比真是不遑多讓。當你討厭看一堆經濟數據時，直接拿夜晚的光亮程度來推測該國或地區的經濟發展程度還頗有參考性。

當然有些地區黑暗是政治制度所造成的，最明顯的例子就是南北韓之間的三十八度線，北朝鮮的一片黑暗正清楚地說明了這個國家經濟的衰敗和基礎建設的驚人缺乏，若是北朝鮮的人民能夠看到這張衛星影像，不知心中會怎麼想，有種很大的可能是「這是邪惡帝國偽造的圖片」，這樣的想法在全世界各種時空都曾出現過，北朝鮮人民若真的這麼想，並不令人意外。

東北亞的夜空還有一個壯觀的景象，從日本海延伸到黃海再到東海，這一大片海域，好像在開海上巨大派對，尤其是南韓東側的外海，這一大片海上捕魚船所照亮區域的長軸，竟然長達四百八十公里，比臺灣南北縱長三百九十五公里還長。

看著這樣的衛星影像，再想到聯合國糧食及農業組織估算二〇一二年全球漁獲量會繼續減少，每人漁獲量將從一九八八年十七公克，減少到十三公克，創下三十七年以來新低紀錄，內心怎能沒有任何的感慨！

東南亞

目光轉移到東南亞，夜空下的東南亞出現很明顯的區域差異。從GDP排序來看，印尼的GDP最高，接著是泰國、馬來西亞和越南，而夜空下的發亮程度也是這樣的趨勢（圖2）。

單一國家來看，印尼所有的光芒幾乎集中在爪哇島和爪哇島東側觀光旅遊勝地的峇里島南部，偌大的蘇門答臘面積有爪哇島的三．五倍大，卻只有零星的城市光芒，加里曼丹 **(Kalimantan)** 更誇張，面積有爪哇島的四．五倍，但是城市燈火比蘇門答臘還要稀疏。除了上述四個島，印尼剩下的一萬七千五百零四個島嶼，大多是一片漆黑。

單單只看爪哇島，就可看出影響人類聚居的因素，除了氣候、交通、文化等之外，還有一個重要因素——地形。夜空下的爪哇島，在一片光亮中，出現一個又一個圓形黑暗區，這是錐狀火山的位置，所以聚落自然而然地分布在火山周圍較平坦又肥沃的地區（圖2A）。

泰國與馬來西亞的經濟榮景，國人應該不會陌生，在夜空下這兩個國家也不

↓ 秋明油田的部分景象。由於遍布凍土層，這裡分布著大量湖泊和沼澤，若不是為了開採豐富的油田，這些人工建造的白色建築物根本不會出現在這裡。

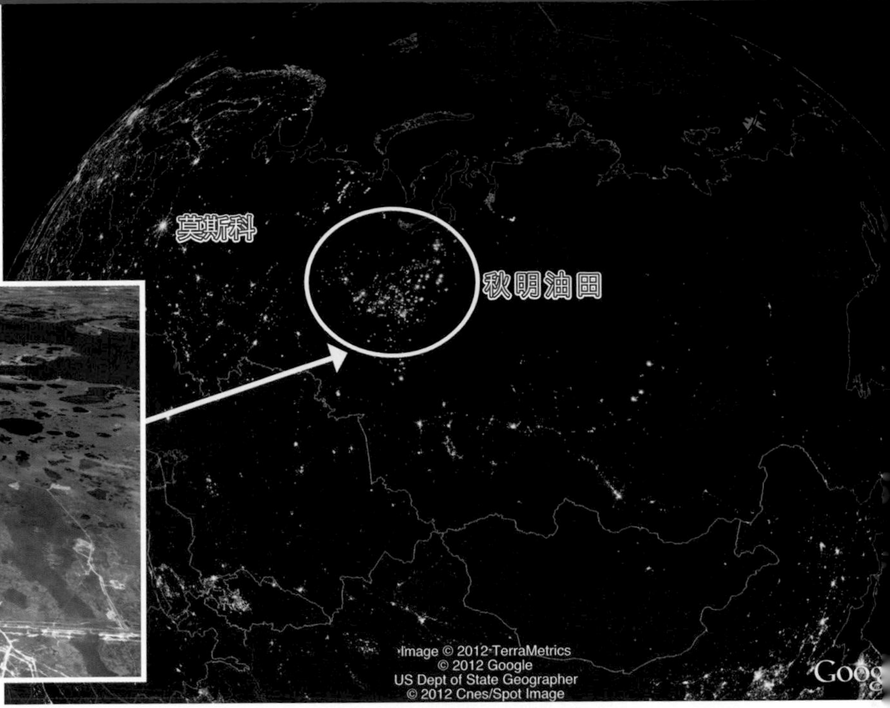

↑【圖 9】人們對西伯利亞的印象總是百里無人的酷寒之地，黑夜中的西部西伯利亞竟然有一大片光芒耀眼的區域，這一片耀眼之地可是目前俄羅斯最重要的超級提款機。

使得身為非洲第一大產油國的人均GDP，竟然和東南亞的柬埔寨相當，大約是臺灣人均GDP的四十分之一。

⊕ 俄羅斯

俄羅斯的西伯利亞是一片「寧靜的土地」（突厥語），這裡氣候嚴寒，冬季氣溫經常在零下二十多度，由於地下有大量的永凍層分布，積水很容易高過地面形成湖泊，因此西西伯利亞有著高密度的湖泊散布，更讓此區的開發顯得異常困難。

不過夜空下的西伯利亞，卻散發著驚人的大範圍光芒，尤其是西西伯利亞，在西伯利亞暗沉寒冷的黑夜中，有個面積達六個臺灣的亮區，是僅次於中東地區的含油氣區——秋明油田（圖9）。秋明油田範圍廣達一百五十萬平方公里，相當於四十二個臺灣，言下之意，現在的開發區域僅是其中一小部分而已。

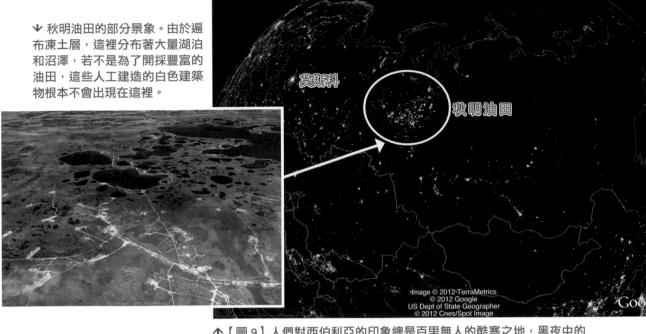

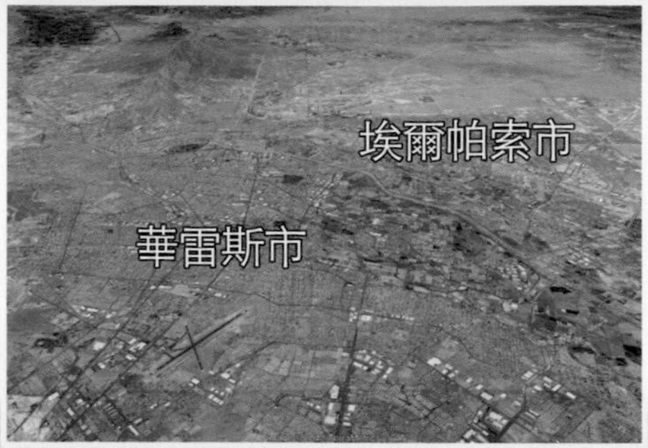

→ 美、墨邊界的華雷斯市到目前為止還有超過一千位以上的女性謀殺案無法破案。

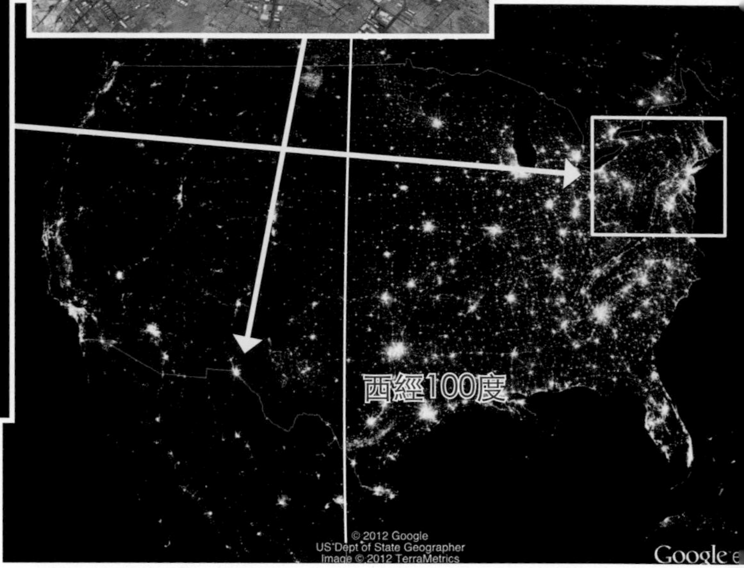

→【圖 10】美國東北部擁有世界最大的都會帶，除了歷史因素之外，與歐洲交通方便的位置也是關鍵。西經一百度大致可將美國分成亮暗兩區。

⊕ 美國與墨西哥邊境

接著來看看夜空下世界唯一的超級強權——美國。自從一四九二年十月十二日哥倫布抵達巴哈馬群島以來，歐洲人開始殖民美洲，對歐洲人而言，這是個全新的大陸，因為「全新」，所有的建設都沒有過去的包袱，美國夜空下的主要幹線大都是井然有序地排列成格子狀。

最明亮的光芒就在美國的東北角，將近四百年前的十七世紀初，英格蘭清教徒們為了逃避宗教迫害而在美洲「新英格蘭」登陸上岸，由於開發較早的歷史因素，形成了全世界最巨大的都會帶，從波士頓向南延伸到首都華盛頓哥倫比亞特區（圖10），全長七百五十公里的都會群，住了四千九百萬人，占了美國人口（三億一千萬人）的一六%。

如果用西經一百度作為分界線，將會發現此線以東較亮，以西則較暗淡，差別相當明顯。西經一百度大約等同於年降雨量五百公釐的等雨量線，此線以西雨量少於五百公釐，大部分的土地拿來從事畜牧業，在地廣人稀的環境下，構成燈光暗淡的景象。

另外，美國西部因太平洋板塊和北美洲板塊相撞，形成平行於西部海岸線的數道南北縱走山脈，這些山脈占據了西部絕大部分的面積，當然也影響了西部的城市分布狀態。

美、墨邊境有個亮點恰好壓在國界線上，美國這邊是埃爾帕索市 (El Paso)，隔著一條格蘭特河 (Rio Grande)，對岸是墨西哥華雷斯市 (Ciudad Juárez)。自從一九九四年「北美自由貿易協定」生效以後，華雷斯市的發展簡直是與時俱進，可說是近十年來世界上成長最快速的都市；這個不斷增長的工業中心，是由三百多家組裝工廠所支撐（臺灣富士康也是其中之一），這裡有廉價的勞工，又臨近美國，完成的產品只需過一條河就可進入美國境內，占據了勞工和地理位置的優勢。不過，快速發展也帶來了副作用，這個都市簡直是「除了戰場以外，世界上最混亂的地區」，謀殺、販毒天天上演，幾乎成了當地居民的生活常態。

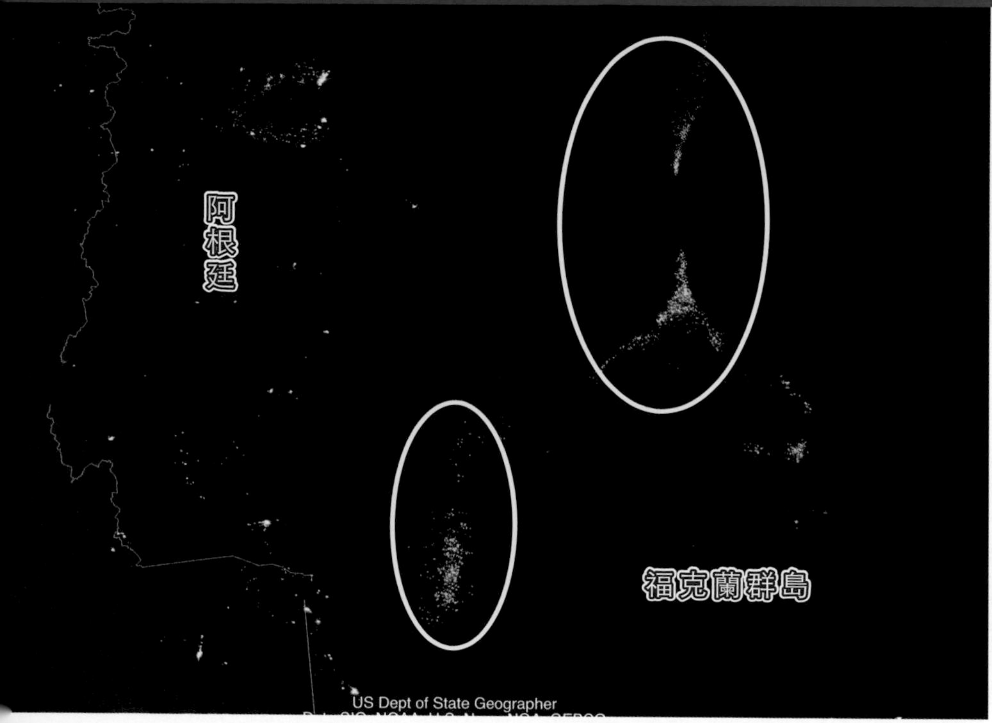

←【圖 11】阿根廷外海與福克蘭群島之間是世界上最重要的魷魚漁場，也是臺灣船隊在海外的重要活動區域。

南美洲

夜空下的南美洲最特別的地方是福克蘭群島附近海上的密集光點（圖11），這裡的大陸棚水深一百多公尺，海中藻類濃度高，浮游生物極為豐富，水溫晝夜變化小，是世界上最著名的阿根廷魷魚漁場。目前臺灣登錄在此處捕魷魚的魷釣船就有一百零三艘（二〇一二年），規模驚人！

這些魷釣船在上半年捕完魷魚後，下半年就到太平洋捕秋刀魚，等於是一船雙用，這些船捕獲的秋刀魚占世界第二位，僅次於日本。

魷釣船、鮪延繩釣船、拖船等臺灣所擁有的龐大捕魚船隊，在世界漁業占有舉足輕重的地位；若是要談海洋漁業保育，怎麼可能排除臺灣在外，這是臺灣展現外交實力的另一項籌碼。

澳洲

澳洲位在南半球，是大洋洲最大、全球第六大的國家，國土面積是臺灣的兩百一十三倍，但絕大

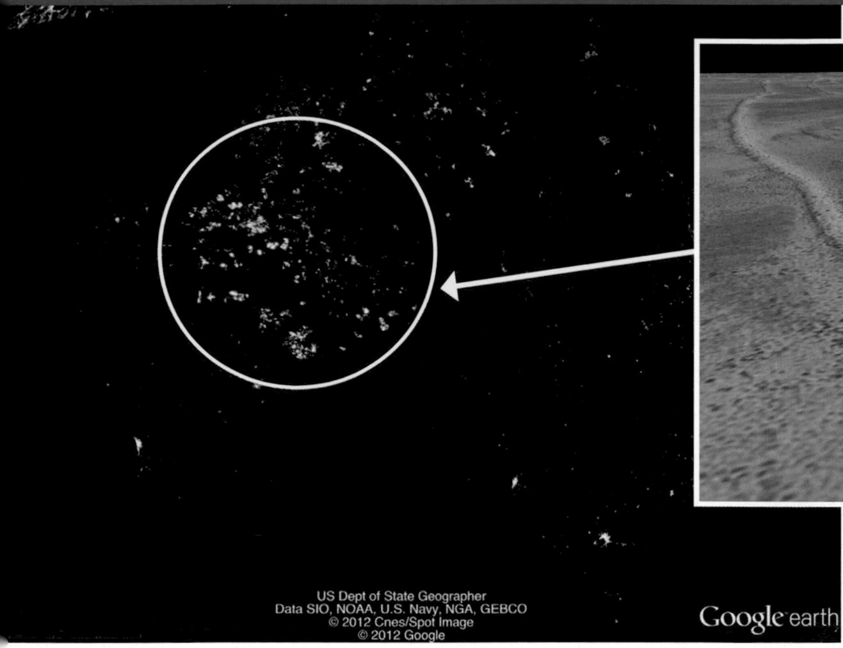

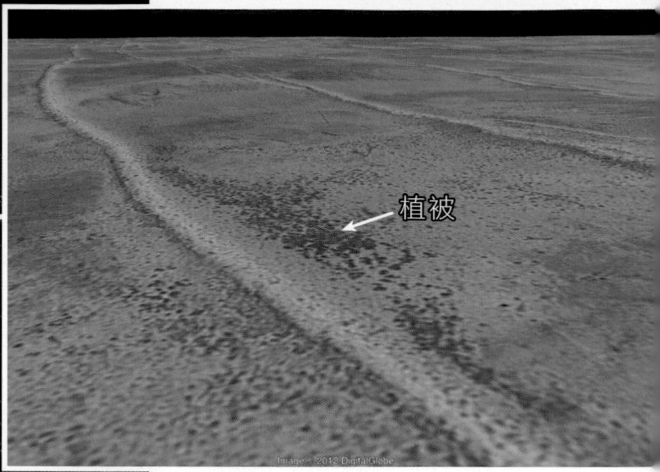

↑ 澳洲沙漠並非空無一物，沙漠中點綴著各式各樣的耐旱植物。

↑【圖 12】澳洲西部的沙漠曠野之中，竟然有大片光點，太讓人匪夷所思了！原來這是經常在澳洲上演的野火大戲。

部分面積屬於乾燥和半乾燥氣候，再加上許多植被富含油脂（例如桉樹），非常容易發生野火，由於地廣人稀，一旦野火蔓延開來，通常都是災情慘重，很難加以控制；再加上近年全球暖化的趨勢，野火的發生頻率和規模都讓澳洲政府頭痛不已。

初次看到夜空下的澳洲（二〇一二年），會讓西部乾燥沙漠中的大量亮點搞得困惑不已，這裡應該是百里無人的一片荒漠，怎麼可能會有大量的城市燈火呢（圖12）？原來沙漠裡的大片光點，是野火蔓延所造成的，也讓我們認識到澳洲沙漠和一般沙漠的不同之處。

澳洲沙漠不是大片沙質堆積的沙丘，或是大面積礫石積累的礫漠，澳洲沙漠屬於岩漠，岩漠裡有三千六百種各式各樣的耐旱植物，雖然植物並不茂密，但也絕不是寸草不生的貧瘠之地。

09 糞便地圖

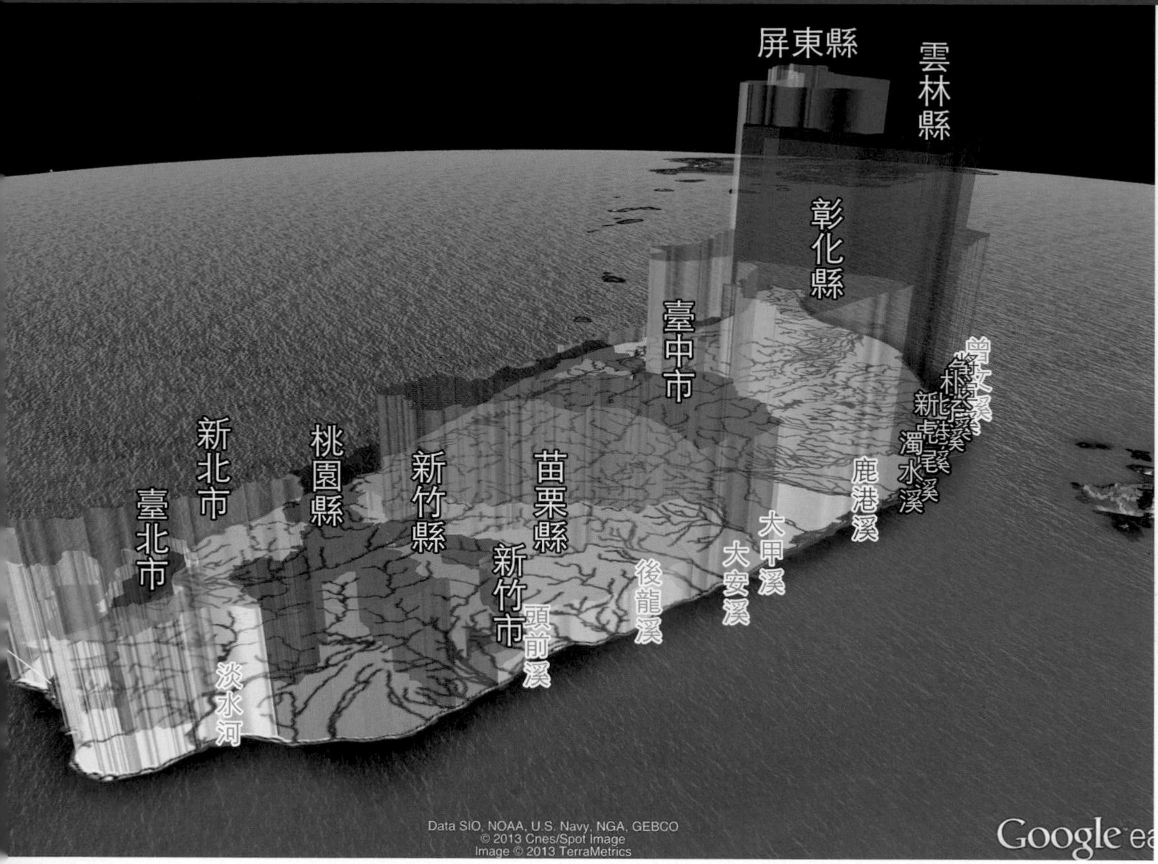

施與受

吃、喝、拉、撒、睡是人生存的基本大事，不管是總統高官、還是平民百姓，是富人、還是乞丐，這些事都是不可免除的。土地除了生長食物供給人們食用之外，還必須接納消化人們的排泄物才行，否則環境遲早會因為受不了而崩潰。

現在科技進步、交通發達，很多食物遠從千里之外送到我們面前，一餐飯可以品嘗到美國的大豆、德國的啤酒、俄國的魚子醬、義大利的橄欖油、日本的味噌，但是排泄出來的東西，通常是留在自家，最起碼是留在這塊土地上，不會有人願意花錢把排泄物運回食物產地。

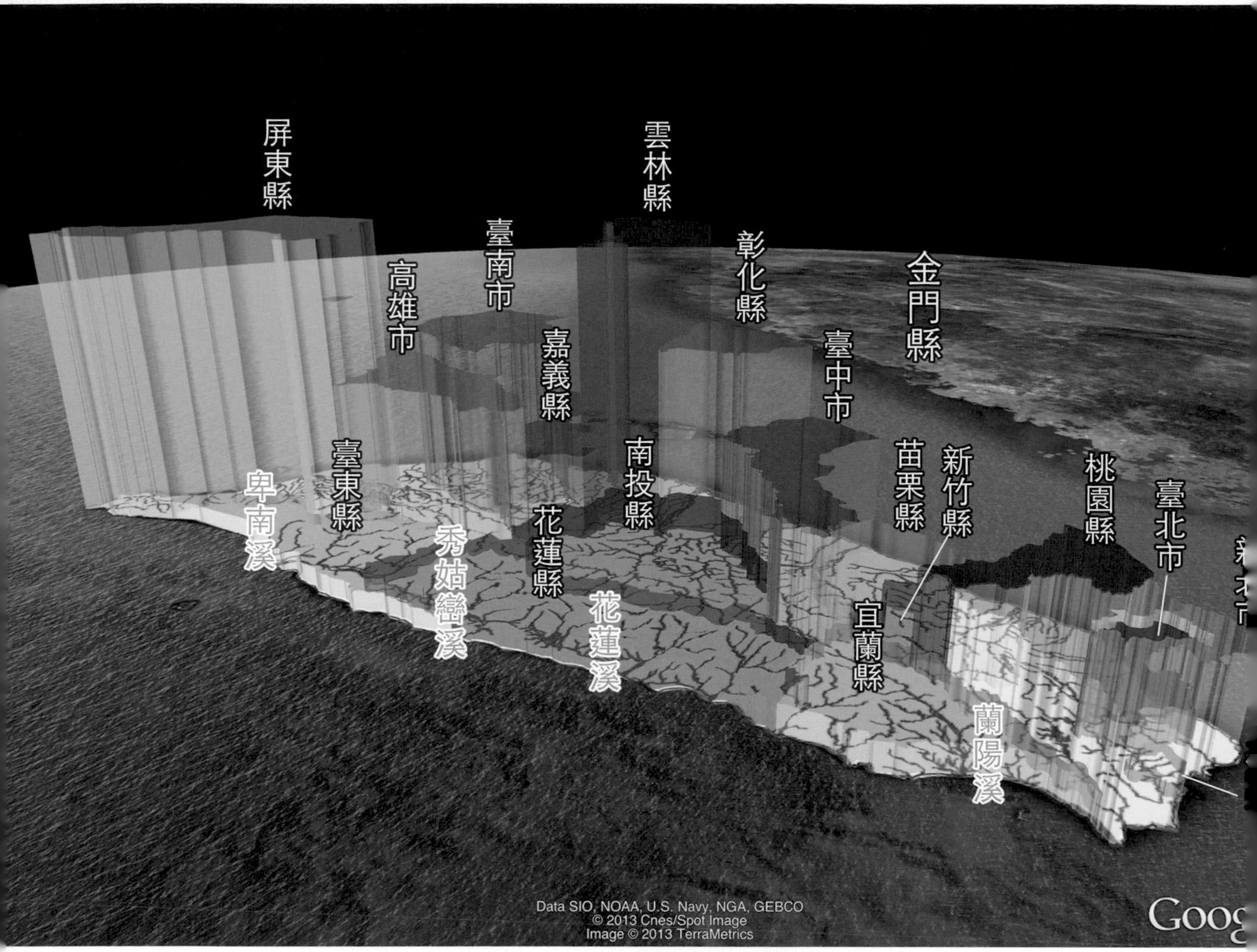

↑ →【圖 1】各縣市柱狀高度表示人口數加上豬隻數量乘以六的排泄物總量比例。

藍色河川名稱	表示未（稍）受汙染的河川
綠色河川名稱	表示輕度汙染河川
黃色河川名稱	表示中度汙染河川
紅色河川名稱	表示嚴重汙染河川

豬是偉大的

中國人自古愛吃豬肉，全世界的家豬有一半養在中國，很多人為何不吃牛肉呢？小時候念書時，老師說因為牛幫人們耕田很辛苦，所以我們不吃牛……

其實原因不止如此，更真實的原因是，唯有豬的生態能滿足中國人的需求。首先，豬幾乎什麼都吃，剩菜、剩飯通通可以丟給豬吃，可說是最佳餿水桶，而且這個餿水桶會長大，長大的餿水桶還很好吃！

其次，豬的繁殖率驚人，豬媽媽一胎經常可以生一打小豬，而且長得快，吃餿水的豬通常一年就能宰殺，吃飼料的頂多半年就拿去賣；如此高效能的繁殖與成長，剛好足以供應「多子、多孫、多福氣」農業高勞力社會的肉品需求。

排泄量比比看

惠我良多的豬，吃得多，拉得當然也多。一頭豬一天的排泄量相當於六個成人的排泄量，若把一個地區豬隻的數量乘以六，再加上當地的人口數，幾乎可以算出該地區排泄物的絕大多數分量（表1），將計算出來的總值，製作出一張「各縣市排糞總量統計地圖」（在此僅計算人和豬，其他動物忽略不計）。

從統計地圖可輕易地看出來（圖1），臺灣各縣市中，以屏東縣和雲林縣高居排泄量排行榜的第一名和第二名，屏東縣雖然只有八十六萬人，卻擁有一百五十萬頭豬，相當於九百萬人的排泄量，連人口數一起相加，則相當於每天

縣市別	豬隻數	人口數	豬隻數 × 六＋人口數
新北市	108,201	2,324,912	2,974,118
臺北市	2,033	2,650,968	2,663,166
臺中市	177,141	2,664,394	3,727,240
臺南市	667,276	1,876,960	5,880,616
高雄市	382,359	2,774,470	5,068,624
宜蘭縣	58,351	459,061	809,167
桃園縣	170,385	2,013,305	3,035,615
新竹縣	84,200	517,641	1,022,841
苗栗縣	77,118	562,010	1,024,718
彰化縣	838,822	1,303,039	6,335,971
南投縣	110,861	522,807	1,187,973
雲林縣	1,488,795	713,556	9,646,326
嘉義縣	424,307	537,942	3,083,784
屏東縣	1,500,948	864,529	9,870,217
臺東縣	59,962	228,290	588,062
花蓮縣	79,892	336,838	816,190
澎湖縣	3,251	97,157	116,663
基隆市	691	379,927	384,073
新竹市	9,520	420,052	477,172
嘉義市	3,833	271,526	294,524
金門縣	17,174	103,883	206,927
連江縣	426	10,106	12,662

↑【表 1】把一個地區豬隻數量乘以六，再加上當地的人口數，
此數值幾乎可以代表該地區排泄物的總量。

有九百八十七萬人在這片土地上無私地奉獻排泄物。縣境內最大的河川——東港溪，則呈現著中度汙染狀態，東港溪流域內有大量畜牧場、養殖場，排放出來的排泄物很慷慨地全數貢獻給溪流。

排第二名的雲林縣，則是承載著相當於九百六十四萬人的穢物，境內的濁水溪、新虎尾溪和北港溪都是呈現中度汙染。濁水溪是臺灣最長的溪流，上游集水域的年降水量高達兩千至三千公釐，因而沖刷力極大，水中泥沙含量極高，所以才會叫做「濁水」，水量這麼高的河川竟然也能搞成中度汙染河川？真是厲害，厲害！濁水溪下游河道非常寬廣，這麼寬廣的地方若是白白閒置，讓人看著實在心疼，於是採砂石的、種植西瓜等作物的、軍方打靶的、老百姓倒垃圾的，甚至連地方政府也來傾倒垃圾……大家各顯神通搶占地盤，真是精采萬分！

二〇一二年環境衛生保護署公布的河川水質狀況顯示（照片1）：二〇一一年全臺灣汙染最嚴重的河川是雲林北港溪和高雄市阿公店溪。北港溪的汙染源很單純，就是人和豬的排泄物，豬的排泄物就幾乎占了汙染源的六成；阿公店溪的汙染源就比較多元了，除了各種排泄物以外，還有大量的重金屬汙染，其中以鉻和鋅超標最嚴重，汙染狀況最聳動時，從空中看阿公店溪，彷彿是一道充滿濃濃奶茶顏色的河道（圖2），蜿蜒流淌在一片綠色田野之中，至於那片田野所生產出來的物產……實在是令人避之唯恐不及呀！

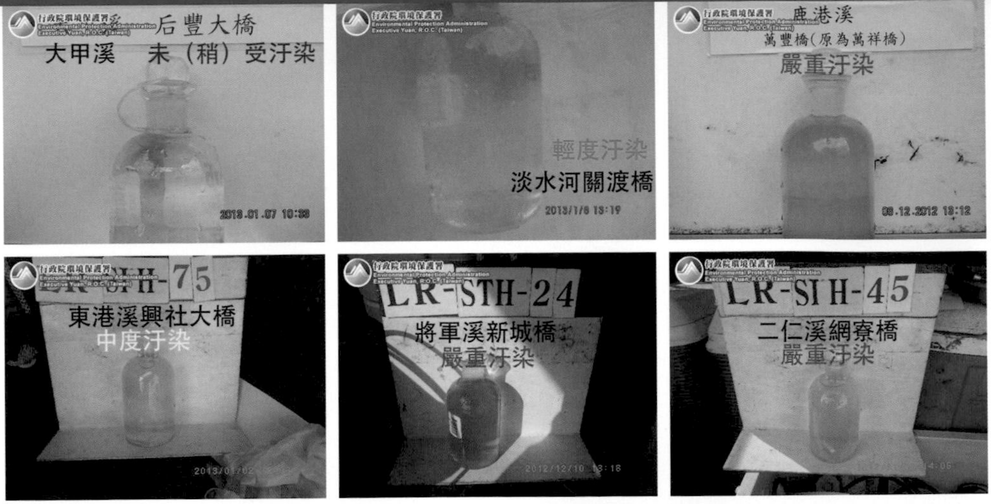

↑【照片 1】行政院環境保護署在臺灣各河段做水質檢測，不同時期、不同月份、不同河段所做的檢測結果會有所不同，以上照片是讓讀者比較能具象地瞭解各種水質的大致情形。

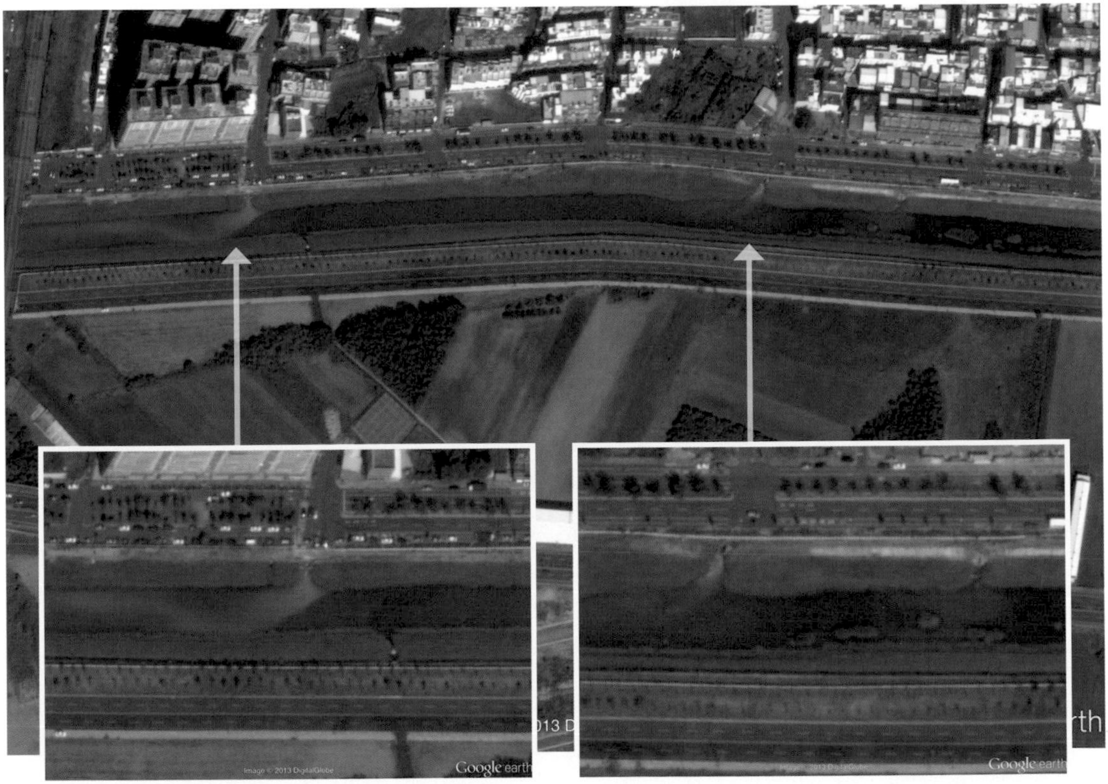

↑【圖 2】臺灣汙染最嚴重的河川之一 — 阿公店溪，岡山區的家庭廢汙水都直接排進阿公店溪。

⊕ 七彩河

彰化縣排名第三，承載著相當於六百三十三萬人的排泄物，更糟糕的是境內主要只有鹿港溪集水域，因此鹿港溪奄奄一息，呈現嚴重汙染狀態。

臺南市雖然排第四名，承載著相當於五百八十八萬人的排泄量，境內擁有將軍溪、二仁溪兩條嚴重汙染河川（全臺灣也不過有三條嚴重汙染河川），以及急水溪、鹽水溪兩條中度汙染河川，和曾文溪一條輕度汙染河川。

將軍溪曾是古曾文溪下游的河道，一九七七年以前還清澈見底、魚蝦成群，之後水質狀況急速惡化，現今則是混濁、惡臭。二仁溪的惡臭甚至吸引ＣＮＮ製作專題報導，屬於國際知名河川。世界臭河何其多，二仁溪有何獨特之處，可以吸引ＣＮＮ來製作專題呢？因為二仁溪不只是臭、黑、汙濁，還外加七彩，也就是說，二仁溪不只有大量的畜牧廢水、家庭廢水，還有大量廢五金工廠的重金屬汙染，當然偶爾出現一兩隻死豬漂流而下的點綴畫面，總是不會讓你失望的。

筆者二十年前曾在當時的嘉南藥專教書，校園旁邊就是二仁溪，經常看到死豬像是吹了氣的氣球漲得圓鼓鼓地漂流在河面上，肚皮朝上，四腳朝天，大量黑蠅環繞周邊，畫面相當……難以形容，當天午飯肯定不會出現豬排。

河川的汙染源大多是家庭廢水、畜牧廢水和工業廢水，許多人經常聽到新聞報導工業排放廢汙水汙染了河川，因此觀念裡也把工業廢汙水的汙染列為焦點，不幸的是，家庭廢水才可怕呀！家庭廢水的可怕在於不容易成為新聞焦點，每天大量生產卻不會引起注意，就像溫水煮青蛙一樣，不知死期將至。

家庭廢水不可能完全沒有，重點在於如何處理，一般來說，都市裡必須興建公共地下汙水排放管，收集所有的家庭廢水，送到汙水處理廠處理後，再重新排放到環境中。這種埋在地面下的工程，老百姓不太看得到，所以過去少有地方官願意著力在這類建設上面，全臺灣目前僅有臺北市、新北市、高雄市和連江縣（馬祖）有比較高比率的公共汙水下水道普及率（公共汙水下水道普及率也是國家進步指標之一）。

截至二〇〇六年底的公共汙水下水道普及率統計，臺北市達到九一%，高雄市為五三%（縣市合併前），新北市為七二%，連江縣為六八%，其他各縣市都不及五〇%，甚至更低；若是只看臺灣省的普及率，就僅有六%，而全國的普及率則僅有一五%。臺灣在世界排名第三十九名，日本第二十八名，南韓第十四名，香港第八名，最令人驚訝的是卡達（一〇〇%），排名世界第一。

汙水下水道是都市的基礎建設，若是沒有這項建設，那麼所有的房子都是建在化糞池的上方，這……實在是有點噁心，而且環境品質必然大打折扣。

⊕ 刻板印象不可靠

若是今天有人問你：「大甲溪和秀姑巒溪哪一條溪比較乾淨？」我猜多數人會回答：「應該是秀姑巒溪吧！」因為秀姑巒溪在東部耶！東部是無工業、無汙染、山明水秀的臺灣後花園，當然比大甲溪乾淨呀！

上行政院環境保護署全國環境水質監測資訊網，裡面的第一項就是環境水質

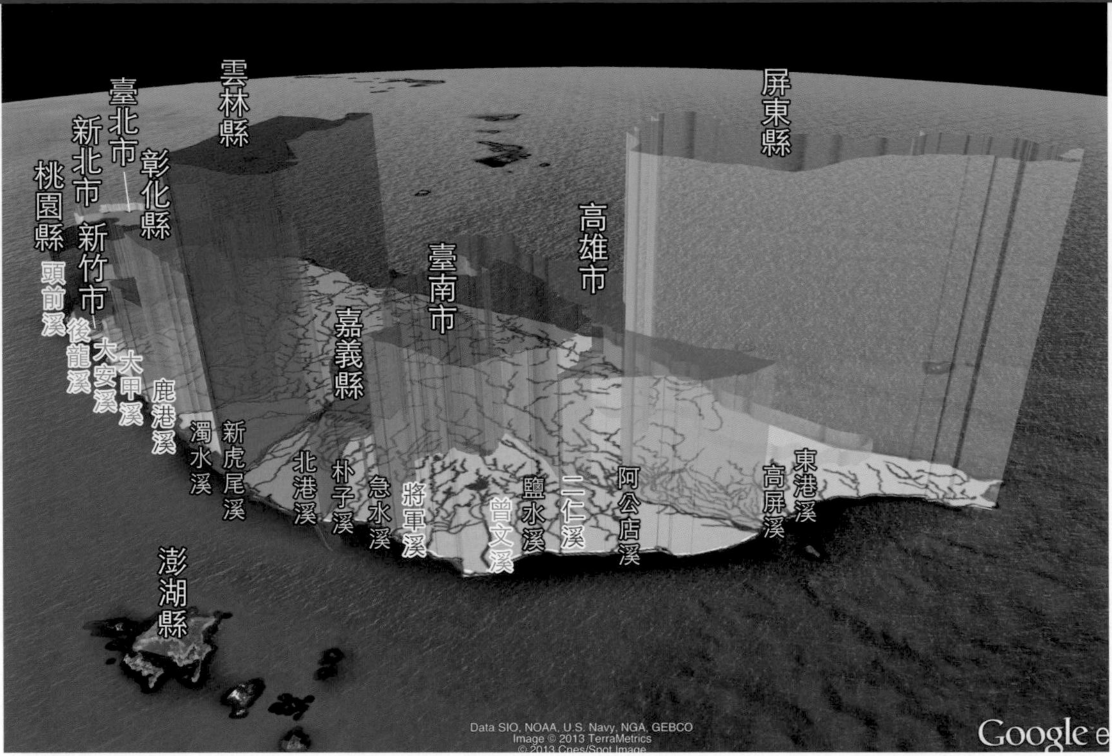

↑【圖 3】頭前溪、大安溪和大甲溪是臺灣少數未（稍）受汙染的河川，鹿港溪、將軍溪和二仁溪則是三條嚴重汙染河川，中南部的排泄總量明顯偏多，再加上多數縣市的公共汙水下水道普及率不佳，導致河川汙染情形嚴重。

監測查詢，經過查詢之後，真實的情形是，大甲溪屬於未（稍）受汙染河川，然而後花園裡的四條河川，包括蘭陽溪、花蓮溪、秀姑巒溪與卑南溪，反而都是屬於輕度汙染的河川（圖3），意外嗎？這個發現至少告訴我們一個事實——刻板印象未必是對的。

為何東半部的四條河川都是輕度汙染的河川呢？雖然這個地區的人口少、牲畜少，排泄量偏低，但是宜蘭縣的汙水處理率（二〇〇六年）僅有一四％，臺東縣僅有九％，花蓮縣更是只有八％，也就是說，雖然臺灣東半部僅有少少的排泄量，但是大多數都未經處理就排到河裡囉！

10 國境之南，國境之難

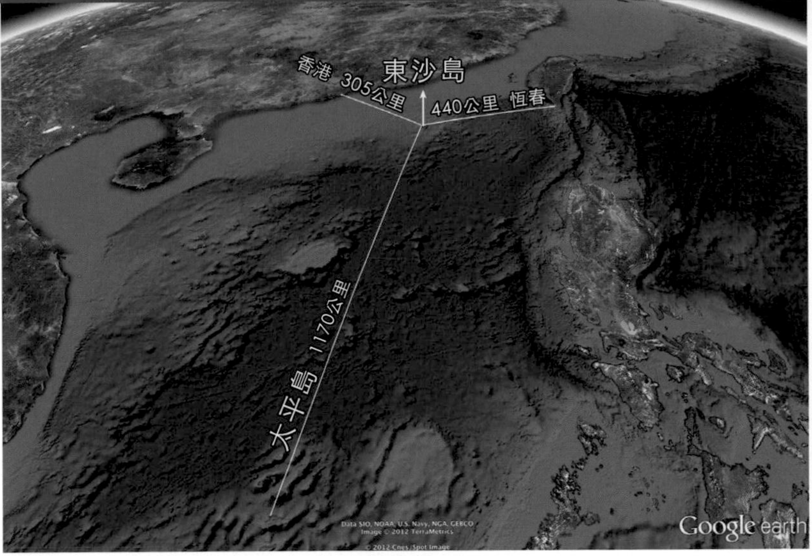

→【圖 1】東沙島離恆春四百四十公里、香港三百零五公里，太平島則是遠達一千一百七十公里。

←【照片 1】去一趟東沙島可不容易，搭乘海巡署的偉星艦，從高雄港出發要花十六個小時，由於環礁水淺，必須用小艇接駁到東沙島南側的運補碼頭。

還記得轟動一時的國片《海角七號》嗎?當時恆春被稱作「國境之南」，但是恆春再往西南西方四百四十公里的南海之中，有個屬於中華民國領土的小島，名為「東沙島」（圖1）。東沙島是東沙環礁唯一永久露出海面的部分，陸地面積一百七十四公頃，大約是臺北市中正紀念堂的七倍、高雄市中央公園的十四倍。

東沙環礁二〇〇七年正式成為中華民國第七座國家公園、第一座海洋國家公園，若以面積來看，則是全國最大的一座國家公園。雖然是國家公園，但是目前沒有完全對外開放，必須經過申請、審核才有機會登島一探究竟。

若是搭乘海岸巡防署的偉星艦從高雄港前往，要花十六個小時乘風破浪。即將抵達東沙島時，由於環礁水淺，

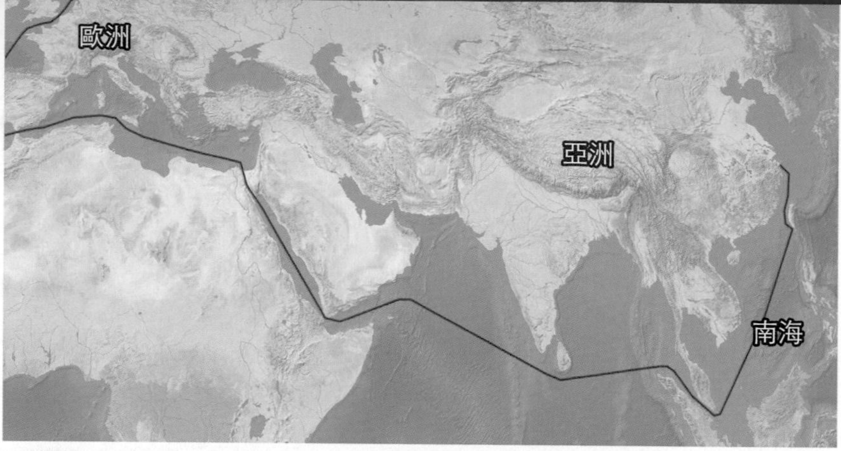

↑【圖 2】每天都有數以千計的各式船艦航行在歐亞航線之間（紅色線），南海的海權影響著各國的重大利益。

一千八百噸的偉星艦必須停在外海，再轉乘小艇到東沙島南岸的碼頭（照片1），而且單程就要耗掉百萬元之譜的油料，走一趟確實是不容易呀！

⊕ 奇貨可居的南海小島

南海水域遼闊，海域面積有三百五十萬平方公里，相當於一整個印度加泰國或是五個法國國土的面積，比渤海、黃海、東海加在一起的總面積還大三倍；可是在面積廣闊的南海之中，島嶼數量簡直是鳳毛麟角般稀少，把所有南海中的島嶼面積通通加總在一起，只不過相當於三個蘭嶼的大小。稀少而面積小的特質，當需求量變大時，必然是奇貨可居囉！

國家的興盛與否，不是只看軍事力量強大與否，更要看經濟實力是否堅實。經濟力的關鍵因素必然有貿易一項，而貿易必須仰賴交通運輸，運輸貨物最重要的一環則是海運，臨海國家與掌控海權就變得異常重要。有些臨海的國家未必會貿易興盛，但是內陸國家的貿易必然難以繁茂。

海權的掌控要靠軍事力量，軍事力量要靠經濟支撐，兩者相輔相成。南海是印度洋與太平洋之間的重要航道（圖2），每天都有數以千計的貨輪航行在此一海域，穿越南海航線的商業價值，每

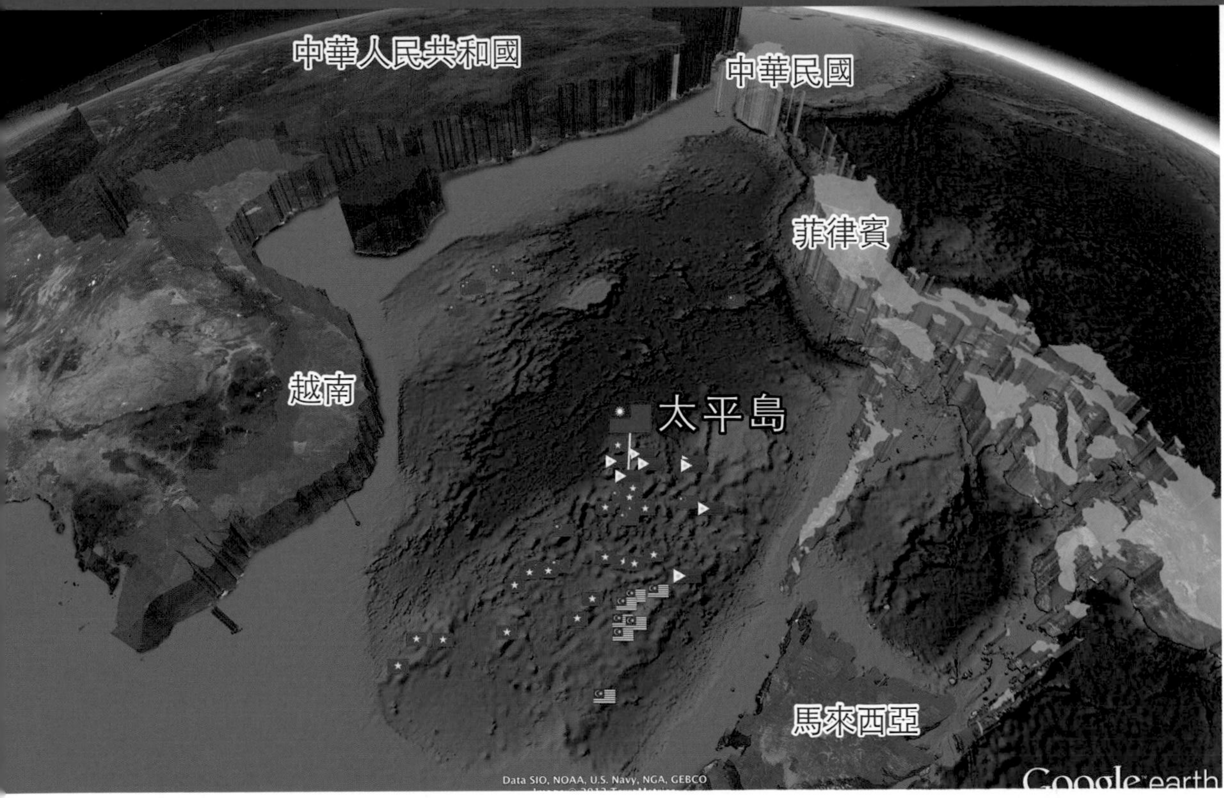

↑【圖 3】太平島位在南海之中央地位，屬於南沙群島中最大的島嶼，周邊鄰國無所不用其極的占領其他小島作為據點。

年平均可達一・二兆美元，相當於南韓一年的國內生產總值（二〇一一年）。

綜觀南海，最具戰略價值的當屬南端一片汪洋中間位置的南沙群島，目前越南控制其中二十八座珊瑚礁島與沙島，菲律賓控制九座，馬來西亞八座，中國七座，中華民國僅有一座，雖然只有一座，卻是南沙群島中的主島，也就是面積最大的太平島（圖3）。

軍備競賽

中國從一九八〇年經濟開始起飛，三十年來連續保持成長態勢，國內生產總值已位居世界第二位，僅次於美國，達到七・三兆美元（二〇一一年）。展現在南海的經濟實力是，擁有至少六十艘各式艦艇與二十多艘潛艇（核子潛艇三艘）長期巡邏此區域。

除了中國，越南是南海周邊海軍實

黃岩島事件

二〇一二年四月十日，菲律賓海軍「德爾皮拉爾」號在黃岩島海域拘捕十二艘中國漁船上的漁民，中國海監船七十五號和海監船八十四號即時抵達，阻止菲律賓海軍帶走中國漁民和漁船，隨後中國漁政船和菲律賓海軍護衛艦開始對峙，事件於二〇一三年一月二十一日結束。

力最強大的國家，擁有作戰艦艇七十餘艘，二〇一二年~二〇一六年會續增六艘俄羅斯製造的基洛級潛艦。兩相對照之下，越南海軍並未比中國強大，卻是在南海占領島嶼最多的國家，其原因不外乎：一、南海是越南緣海的全部，打開大門看到的就是南海，門戶地位重要；二、南海所產的石油輸出已經占了越南GDP的三〇%以上，經濟利益非常重大；三、內部激進派與保守派的政治鬥爭，藉由南海衝突，可壓制保守派；四、國內經濟內外交迫，二〇一二年四月的通貨膨脹率高達一〇・五%（已是連續十八個月以來的最低點），央行不得不減少貨幣供給，導致中小企業借貸成本大增，部分工業生產停頓，銀行呆帳風險提升，而南海衝突可轉移經濟困頓的注意力；五、美國不斷銷售「中國崛起威脅」概念，令中國必須顧慮東南亞諸國的擔憂，而在軍事擴編上瞻前顧後。

中國的軍事預算以每年大約一二%的速度增加，目前為一千零六十四億一千萬美元，在全世界排名第二。面對中國的壓力，以及釣魚臺的衝突，日本大幅調整軍力的空間部署，將北部島嶼的軍力轉移到靠近中國的南部島嶼。菲律賓將斥資近十億美元購買新飛機和雷達，在黃岩島事件之後，還與美國舉行聯合軍演。美國同時正在恢復與印尼的關係，畢竟蘇門答臘與爪哇控制著麻六甲海峽與周遭海域，而此區海域是大多數貿易和能源供應必經的海上戰略通道。澳大利亞則敦促印度「作為一個新興大國在地區安全和穩定事務中能夠和應該扮演的角色」。這句話當然語焉不詳，不過二〇一一年時，印度是世界上最大的武器採購國（小聲提醒：這個國家有三億人每日生活費僅一美元），花了二百億美元採購法國疾風戰鬥機，二〇一二年四月十九日還試射射程達到五千公里、能夠裝載核彈頭的

←【照片2】亞洲各國似乎有些用力地擴張軍備，印度試射一枚射程達五千公里、可攜帶核子彈頭的「烈火」五型洲際彈道飛彈，五千公里的最大意義是——中國全境進入射程。

「烈火」五型洲際彈道飛彈（照片2），這個大傢伙被認為是衝著中國而來。二〇一二年印度的軍事預算增加了一七%，達到四百二十億美元。

美國已故總統艾森豪曾說：「人類製造的每一支槍、下水的每一艘軍艦、發射的每一枚火箭……都是對饑而無食、寒而無衣者的一次偷盜……而人道主義已被掛在鐵十字勳章上了。」半個多世紀過去了，他的美國同胞們顯然是把這句話當成耳邊風，而亞洲已崛起和正在崛起的各國，是否同意所謂「先進」國家在某種角度上，意味著「先犯錯」的國家？而能夠更智慧、更耐性、絕不重蹈覆轍地解決軍備競賽的問題？

月牙彎的東沙島

東沙島古稱月牙島，屬於南海諸島中島礁最少的一個島群，因與大陸的距離較近，因此是南海諸島中最早被開發的。東沙島地處南海北部大陸斜坡的上段，是由珊瑚礁所構成的環礁島，上面覆蓋著由珊瑚和貝殼碎屑風化而成的白沙，礁環直徑約二十公里，環礁內部水深僅十六公尺，充斥著淺灘、暗礁、沙洲和珊瑚丘。

一千多年前晉代裴淵《廣州記》內有段描述：「珊瑚洲在縣（東莞縣）南五百里，昔人於海中捕魚，得珊瑚。」珊瑚洲即指東沙島及其環礁，但如今這裡的珊瑚已大不如前了。

在東沙未設立國家公園之前，基本上是三不管地帶，各國漁民都到此地捕

←【照片 3】東沙島內、島外以及環礁內外，擁有豐富多樣的藻類，有許多是臺灣看不到的種類，而這些藻類孕育了多樣性的生物種類。

魚、毒魚、炸魚，行徑相當「隨意」。珊瑚礁是由造礁珊瑚──珊瑚蟲與珊瑚礁所構成的複雜「地形」，提供了海洋生物絕佳的庇護所，而且多樣的藻類孕育了多樣的生物（照片3），珊瑚區就像是陸地上的「熱帶雨林區」。

如前述，南海是印度洋與太平洋間的重要通道，大量船隻通過東沙島附近時，稍有時運不濟就會觸礁擱淺，因而留下不少可供考古的沉船遺跡，陸續挖掘出土的錢幣，多為宋朝、明朝時期的銅錢。

根據文獻，荷蘭人的船隻曾在此擱淺遇難，七十多人在島上待了兩個月等待救援；也有日本人私自在島上闢建工廠、開採資源，而日本軍艦更曾帶來兩百多名士兵，將島上一切中國建物、廟宇、墳塚全部鏟平、焚燒，灰燼則全數傾倒入海，以致今日考古完全看不到清朝那一段時期的痕跡。

東沙島孤懸海外四百多公里，不但交通困難，而且島的位置有處於南海國際詭譎局勢之下的困難。東沙島西側一百多公里的海上，就有十幾座中國主導開發的海上鑽油平臺（圖4），這些鑽油平臺牽扯到多國的利益，若沒有足夠的海上軍事實力，想要在南海獲取石油資源，可是會踢到鐵板的。探勘油井、挖掘石油、建造海上鑽油平臺，都需要跨國合作，若是沒有足夠的實力捍衛這些遠距離的海上資產，想合作的國家也會為之卻

↑【圖 4】東沙島西側僅一百多公里的海上有十幾座海上鑽油平臺，屬於中國和其他國家共同投資開採。

步。

中華民國在東沙島推行國家公園生態保育，不但沒有「掠奪」資源，反而「保護」了自然生態資源。相對來說，在南海周邊各國用力占地盤的形勢之下，東沙島問題的複雜度就少了許多。

太平太平否

東沙島的主權基本上只牽涉到兩岸問題，沒有其他國家主張擁有東沙島。臺灣在南海之中還有一個更遙遠的島嶼，即距離高雄港一千六百公里遠的太平島，太平島屬於南海中南沙群島的一員，而且是最大的島嶼。說實在話，以我國目前並非南海周邊擁有最強大軍事實力的國家，卻擁有最大的島，是因我們在歷史上是最早占有此島的國家，這個現況在國際上是最具說服力的證據。

過去和現在擁有，並不表示未來仍然可以擁有，國際上是講求現實和實力的。南沙太平島周邊能露出水面的島嶼都已被各國占領，連那些露出海面只有一個撞球檯般大小的礁石也被建成海上碉堡。更令人稱

【照片 4】南海之中，有些國家甚至在暗礁上建造平臺來占領海上據點，照片中的平臺是越南所建。

奇的是，有些暗礁離海面很近，一些國家竟然直接在暗礁上建立海上平臺，類似海上鑽油平臺的縮小版（照片4），這一切都是為了占據南海的地盤，各國的手段實在是到了無所不用其極的地步。

離太平島最近的當數太平島東邊只有十二公里遠的敦謙沙洲，目前為越南所占的敦謙沙洲（以一九四六年中華民國海軍派往接收南沙群島的中業軍艦艦長李敦謙而命名），原本有國軍駐守，但因某次颱風接近，沙洲上難以遮蔽，因而守軍退回太平島避颱，越南就利用這個空檔占據，由於離越南本土相對距離較近（直線距離六百公里），加上越南的積極態勢，一個月有三次運補艦過來運補物資（相較於臺灣運送物資到太平島的補給次數一年只有三次），現在敦謙沙洲上熱鬧非凡，一堆軍事設施、電波偵測裝置掩蔽在島上稀疏的熱帶樹林之中。

輸人不輸陣，我們也在太平島上加強設施、裝備如何？美國直接向我國立委表達反對的立場，希望我們不要動作太大，放一些二次大戰留下來的老砲（例如四〇高砲）意思一下就可以了，他們的理由是不希望造成南海的對立情勢，然而私底下恐怕是擔心中國和臺灣會聯手護衛南海主權，對美國利益可是大大的不利。

太平島往南方二十一公里遠，同樣又是越南占領的鴻庥島；西南方二十二公里遠，則有中國占領的南薰礁；北方三十公里遠，則是菲律賓占領的南鑰島（圖5）。囉哩囉嗦地講一堆島名，無非就是

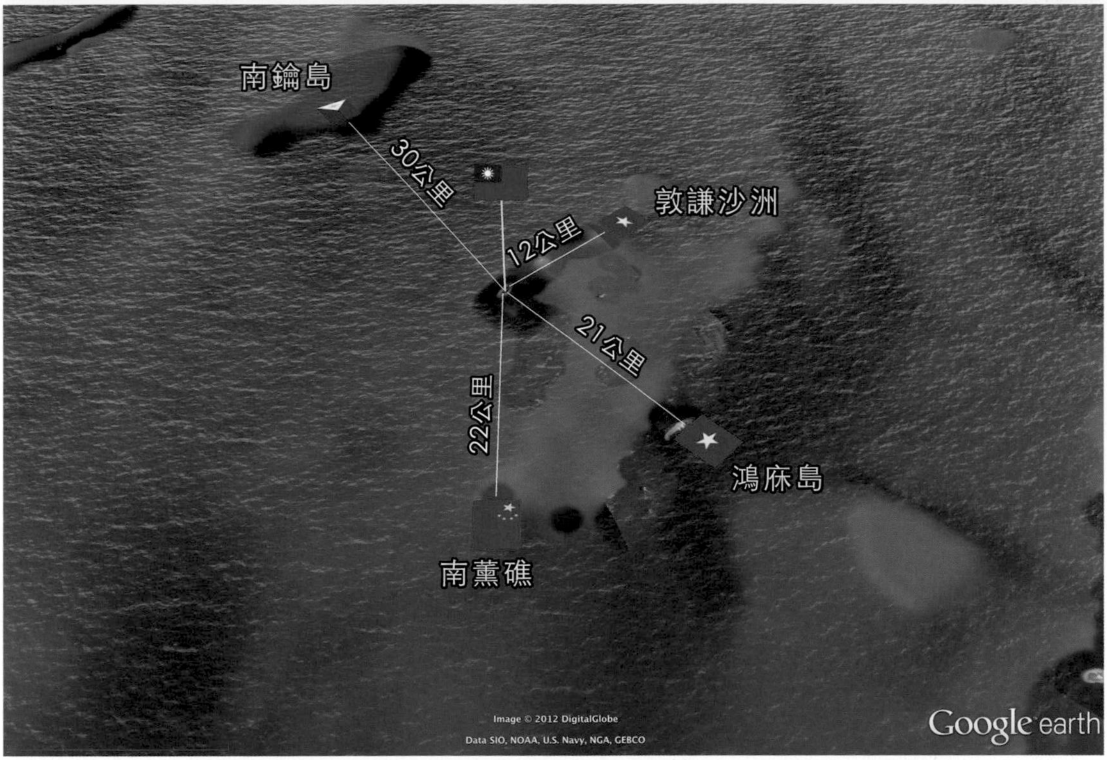

↑【圖 5】太平島周邊不遠處，環繞著三個國家所占領的據點，每個國家都堅稱擁有所有的島嶼，為了海底石油資源和海域控制權，此區瀰漫著緊張氛圍。

要讓讀者知道，太平島在南海中的形勢艱難，軍艦從高雄港出發，要在海上航行三天才能到達，島上雖然建有飛機跑道，但跑道長度只有一千兩百公尺，而且物資空運極其昂貴，再說臺灣所有的戰機都飛不了這麼遠，例如IDF經國號作戰半徑六百公里、F－16作戰半徑九百二十五公里、幻象二〇〇〇作戰半徑一千二百公里，除非把東沙島建成海上空軍補給維修基地，否則太平島絕對無法擁有空中優勢戰力。

若是比照東沙島，在此處再建一個國家公園如何？這個國家公園將會位在一堆國家宣稱的領土之間，好像也有點匪夷所思，那該怎麼辦呢？或許現在政府所採取的「淡定」做法正是上策吧！

III 時空物語

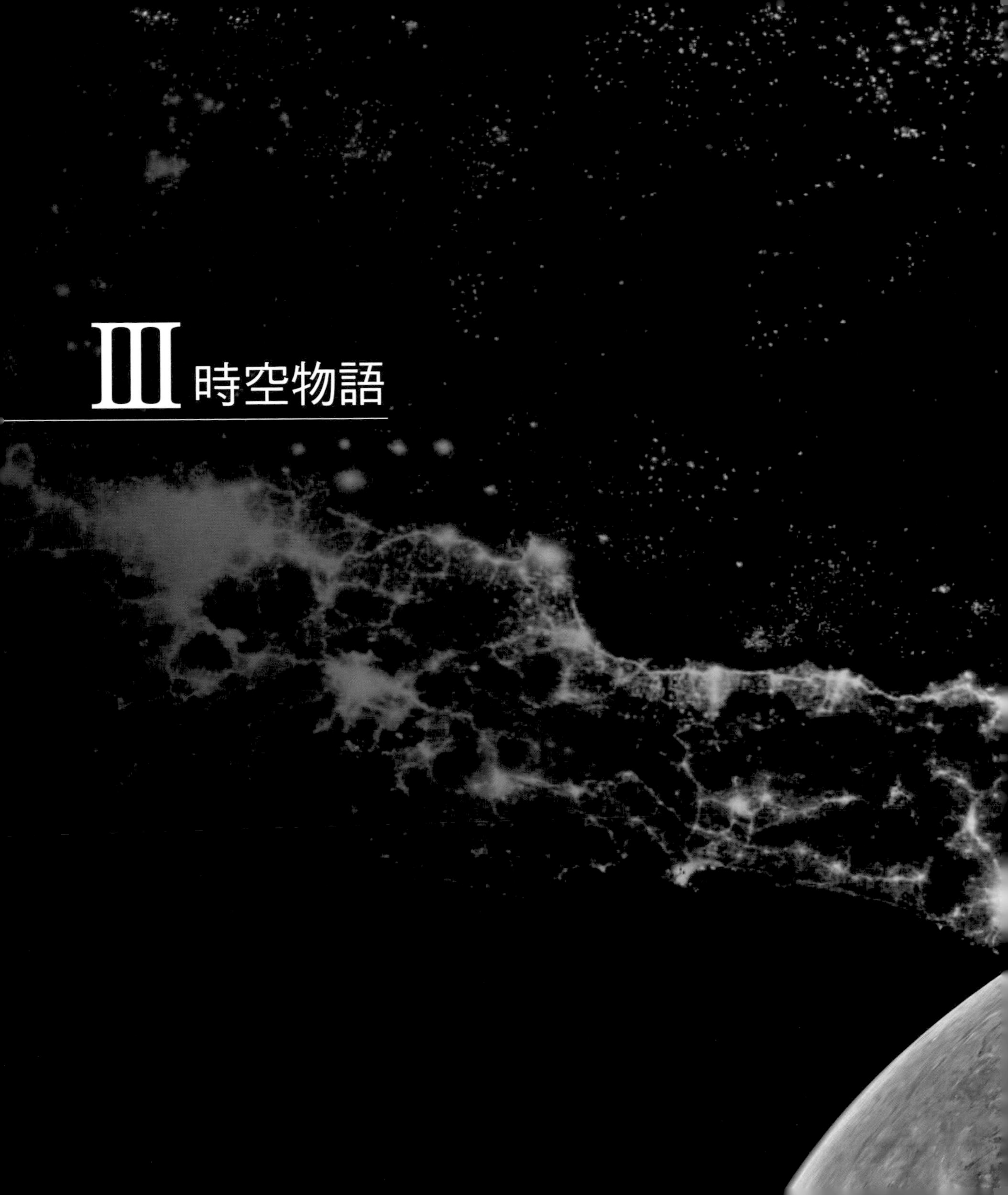

11 你不知道的非洲

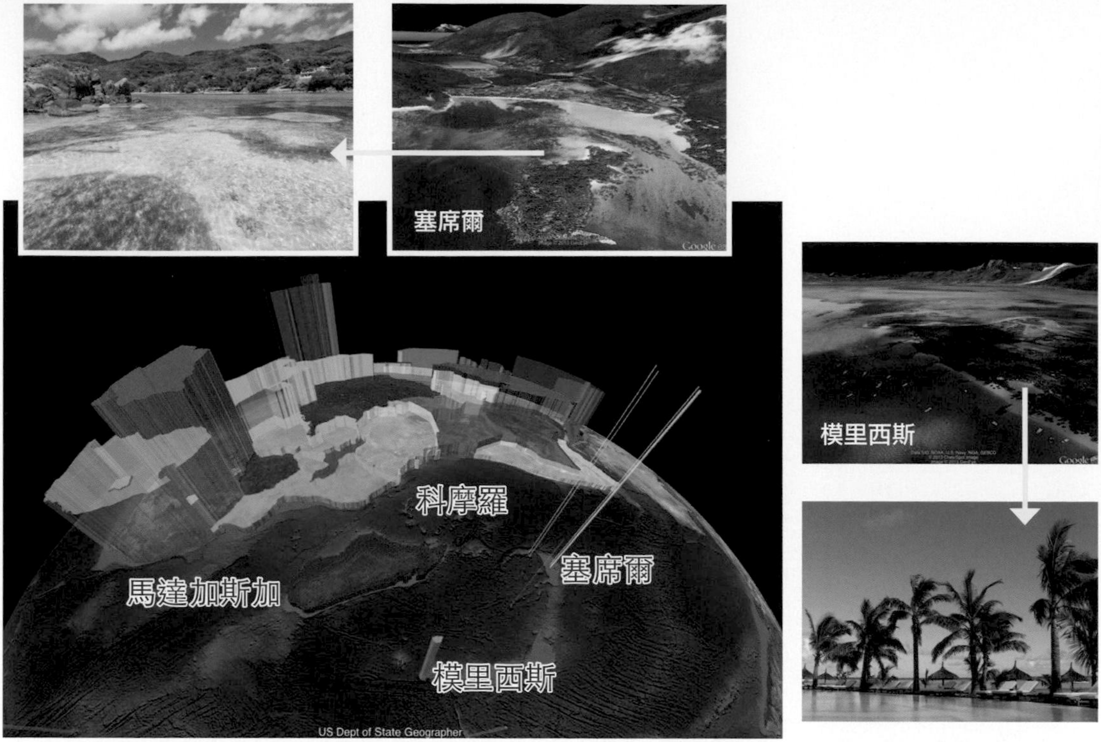

↑【圖 1】塞席爾與模里西斯均位在非洲東側外海的印度洋上，都全力發展觀光帶動經濟成長。圖中色塊高度，代表非洲各國平均每人 GDP 的數值大小（本章其他各圖未特別註明者皆同）。

多數人一聽到非洲，腦中聯想到的大概就是貧窮、饑餓、戰爭、落後……這些現象確實存在於非洲的某些地區，但你可能忽略的是非洲很大！真的很大、很大！非洲面積有三千零二二萬餘平方公里，是中國大陸土地面積的三倍大，是臺灣面積的八百四十倍。我們既然瞭解海南島和黑龍江的環境是如此極端不同，而面對土地面積大了三倍的非洲，絕不能只用單一概念去理解。

仰賴觀光的塞席爾

非洲有五十六個國家、八個屬國，每個國家的發展都不一樣，各有各的歷史和故事。這麼多國家之中，哪個國家平均每人國內生產總值(GDP)最高呢？是產黃金、鑽石的南非？還是非洲第一大產油國奈及利亞？結果都不是，是位在印度洋中只有臺北市一・六倍大的島國塞席爾 **(Republic of Seychelles)**（圖1）。

觀光是支撐該國經濟的主要產業，再加上人口只有九萬人，平均每人GDP可以達到二萬四千七百二十六美元（二〇一一年購買力平價，以下各國數值均同），比歐洲葡萄牙的二萬三千二百零四美元還多。當然光看平均每人GDP，可能會認為該國一般人民的生活水準未必算好，但是塞席爾的人類發展指數 (HDI) 表現也不錯，達到〇・七七三！雖然比不上阿根廷的〇・七九七，但也算相當不錯了。

非洲另一個HDI超過〇・七的國家是模里西斯 (Republic of Mauritius)，模里西斯在馬達加斯加島以東約九百公里、塞席爾以南一千七百公里處。模里西斯原本是個無人島群，沒有原住民，現在的居民是由印度裔、非洲裔、華裔和法裔共同組成，平均每人GDP達一萬四千七百四十六美元，在非洲排名第五；與南美洲烏拉圭的一萬五千四百六十九美元相去不遠。

模里西斯島上曾有一種全世界僅有的渡渡鳥，渡渡鳥自從一五〇五年被發現以後，一六六〇年左右就徹底滅絕了。若說人類是為了填飽肚子而獵殺渡渡鳥也就罷了，但是渡渡鳥的肉無比難吃，難吃到甚至被稱為骯髒的鳥，牠們的滅絕完全是因為人類毫無理由的濫殺以及島上環境的破壞。

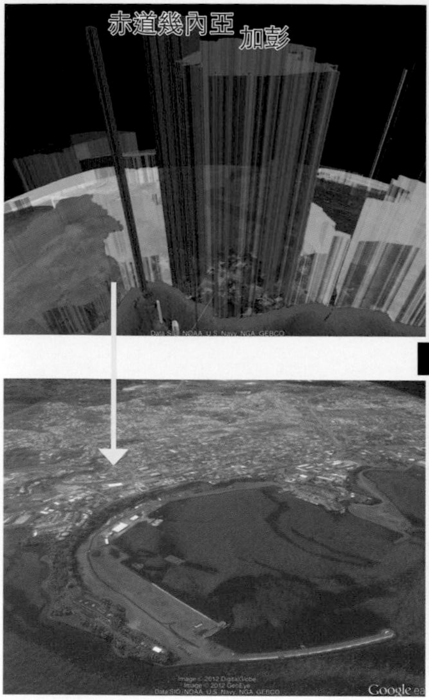

↑ 赤道幾內亞的首都位在比奧科島北部的馬拉博。

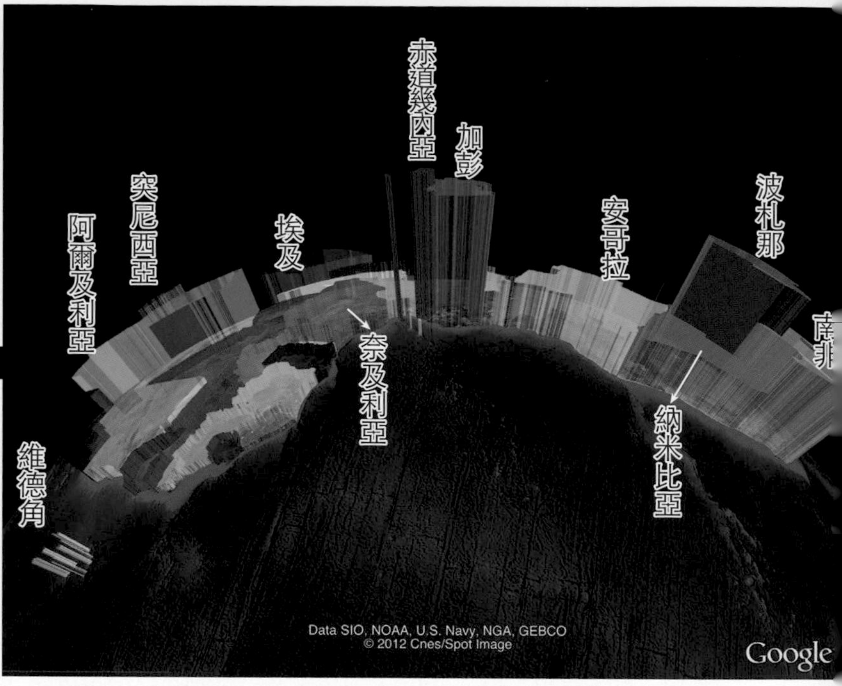

↑【圖 2】赤道幾內亞目前平均每人 GDP 排名非洲第二位，世界第五十一名，HDI 屬於中人類發展指數，排在世界第一百三十六名。加彭目前平均每人 GDP 排名非洲第三位，世界第五十九名，HDI 同樣屬於中度發展國家，排在世界第一百零六名。

⊕ 福爾摩沙滿天下

非洲平均每人GDP排第二的是位於赤道附近、面積只有臺灣十分之七的赤道幾內亞（圖2），赤道幾內亞原本主要生產可可，其次是咖啡，確實是屬於窮困的國家，但是一九九六年在赤道幾內亞領海內發現了大量石油資源，此後，一九九七年到二〇〇一年的年平均經濟成長率達到誇張的四一．七％，而全國總人口數不過七十萬人，平均每人GDP可達到一萬九千三百二十一美元，這個數值與歐洲的波蘭相當，比東南亞馬來西亞的一萬六千二百三十九美元還高！

不過，赤道幾內亞的HDI指數就不怎麼高明了，只有〇．五三七！清廉指數排名更糟糕，為一百六十三名（全球一百七十四個國家排名）；全國有七〇％的人口生活在聯合國定義的貧困線

國內生產總值

國內生產總值（Gross Domestic Product, GDP）亦稱為國內生產毛額，是一個度量領土面積內經濟狀況的指標。

購買力平價

購買力平價又稱相對購買力指標，是一種根據各國不同的價格水準所計算出來的各國貨幣間等值係數，如此一來比較各國的 GDP 會比較合理。例如日本的 GDP 經過購買力平價之後達三萬四千七百一十美元（國際貨幣基金組織（IMF）二〇一一年統計數據，以下皆同），中華民國為三萬八千四百八十六美元，南韓為三萬二千四百三十一美元。

人類發展指數

人類發展指數（Human Development Index, HDI）是聯合國用以衡量各國社會經濟發展程度的標準。此一指數根據平均預期壽命、識字率、教育和生活水準計算出來，可以拿來進行全世界國與國間的比較。

清廉指數

清廉指數或稱貪腐印象指數（Corruption Perceptions Index, CPI）是根據各國商人、學者與國情分析師，對各國公務人員與政治人物貪腐程度的評價，以滿分十分代表最清廉，此一指數是由「透明國際」自一九九五年起每年發布一次，每次評比一百七十四個國家。本文引用二〇一二年數值，中國大陸排名第八十，臺灣排名第三十七，南韓排名第四十五，日本排名第十七。

之下（每日不足兩美元），卻在二〇一一年十月爆發貪汙洗錢的醜聞：該國總統的兒子疑用非法款項購買了十一輛豪華高檔汽車，而遭到法國扣押。

赤道幾內亞首都位在比奧科島(Bioko)北部的馬拉博(Malabo)，有趣的是，一四七二年葡萄牙人發現此島時，將此島命名為「福爾摩沙」，並記載在航海圖上。其實葡萄牙人在大航海時代把很多地方都取名為福爾摩沙，例如葡萄牙有條福爾摩沙河、巴西和阿根廷各有一個福爾摩沙市、美國有個福爾摩沙湖、肯亞有個福爾摩沙灣等。

⊕ 皆大歡喜三首都

位在非洲最南邊的國家叫做南非共和國，南非是世界上獨一無二擁有三個首都的國家，包括行政首都普勒托利亞(Pretoria)、司法首都布隆泉(Bloemfontei)

和立法首都開普敦 (Cape Town)，但是三個首都都不是最大城市，最大城市是位在南非東北部的約翰尼斯堡 (Johannesburg)。南非是非洲目前最後一個超過萬元的國家，平均每人GDP為一萬零九百七十美元，在非洲國家排名第六，比中國的九千一百四十六美元略勝一籌。但南非的HDI是〇．六一九，世界排名一百二十三名，比中國的〇．六八七，世界排名一百零一名還差，和印尼的〇．六一七，排名一百二十四名相當。

南非有項令人擔憂的數據獨步全世界，那就是擁有數量最多的愛滋病感染人數，全國共有五百七十萬人（根據二〇一〇年數據）感染愛滋病，這個數字占了南非總人口數的一三%，而且愛滋病感染者以每年十萬人的數字持續增加中，相當於每小時有十一個人感染。

南非愛滋病的嚴重擴散，導因於二十年混亂的政策，南非前總統姆貝基 (Thabo Mbeki) 認為愛滋病是非洲「獨特的災難」，用西方的辦法對付這種疾病是可笑的，他希望避免把「西方的經驗強加在非洲的現實之上」，姆貝基是對抗種族隔離政策的英雄，也是個知識分子（留英經濟學碩士），何以對愛滋病會有如此荒誕的反應？只能說偏見使人盲目。

⊕ 茉莉花革命

二〇一〇年末到二〇一一年初，北非的突尼西亞爆發了反政府的大規模示威遊行，此事因突尼西亞的國花是茉莉花而稱為「茉莉花革命」，亦稱為「尊嚴革命」、「Twitter 革命」和「維基解密革命」。茉莉花革命成功地推翻了執政二十三年的本・阿里 (Zine al-Abidine Ben Ali) 政權，而且引起了阿拉伯世界的廣大迴響，例如阿爾及利亞、摩洛哥、埃及、茅利塔尼亞、蘇丹、約旦、阿曼和葉門等紛紛出現遊行示威。

突尼西亞的平均每人GDP為九千三百八十九美元，在非洲稍次於南非，排名第七，經濟發展不算最糟糕，清廉指數排名第七十五名，比希臘、印度還好（都是第九十四名），和義大利（第七十二名）差不多，而且HDI指數達到〇・六九八，世界排名第九十四名，剛好位在高人類發展指數國家群的最後一個，和〇・六九九排名第九十二名的土耳其差異微小。這表示突尼西亞各方面的發展做得還算不錯，事實上突尼西亞的教育支出占國民生產總值六％，證明該國對教育真的相當重視，但有意思的是，或許正因一群接受了還不錯教育的年輕人看到政府貪汙、腐敗，加上本身失業、饑餓，又剛好維基解密爆料總統夫人A錢的行徑，再加上 twitter 的傳遞擴散、聯絡集結，於是意外地促成了茉莉花革命。

⊕ 西亞北非文化區

阿爾及利亞是非洲國土面積最大的國家（原本是蘇丹，後分裂出南蘇丹），同時也是阿拉伯國家面積之冠，最主要的輸出產品是石油，與奈及利亞、利比亞合稱非洲三大產油國，都是石油輸出國家組織 (OPEC) 會員國。

雖然產油，可是阿爾及利亞的平均每人GDP卻只有七千三百三十三美元，

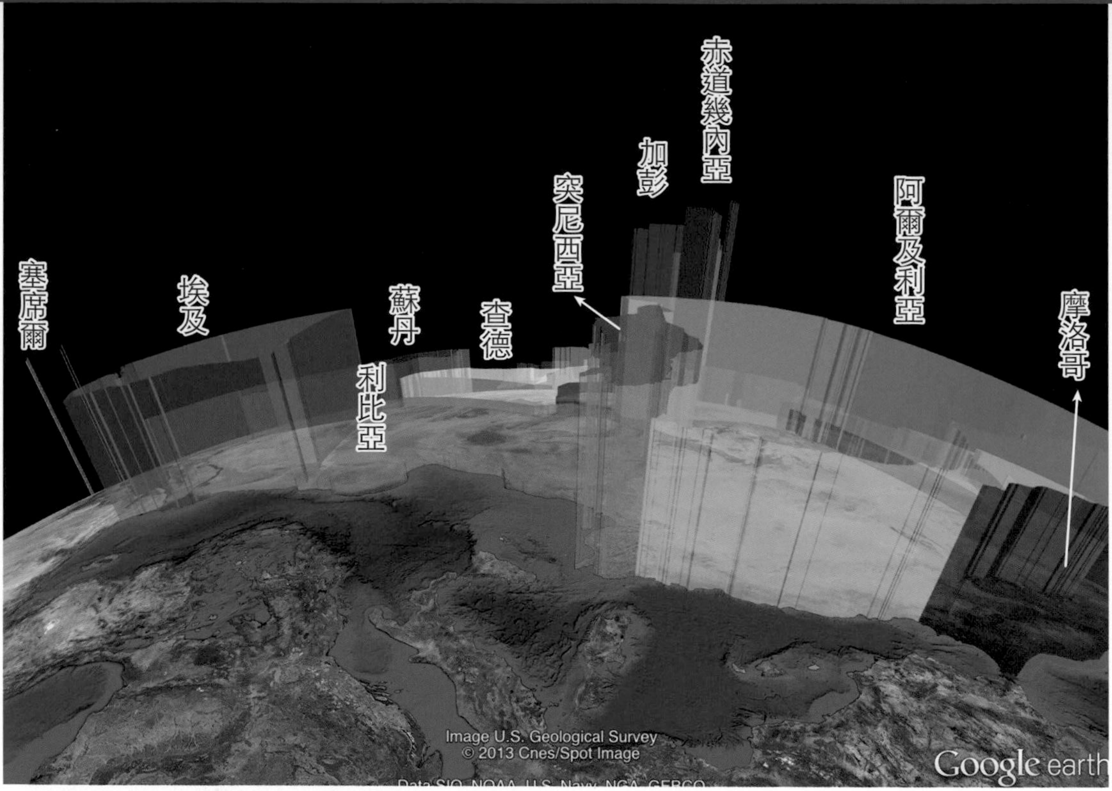

↑【圖3】鄰近地中海的北非，比起隔了撒哈拉沙漠的非洲其他地區，在交通往來上還要來得方便許多。

在非洲排名第八；奈及利亞產油量占非洲第一位，可是平均每人GDP更是只有二千五百八十九美元；利比亞最是戲劇化，二〇一〇年平均每人GDP還高達一萬兩千一百零六美元，隔年驟降到四千七百六十八美元，等於打了四折。當然主要原因是二〇一一年二月爆發反對格達費(Muammar Gaddafi)政權的反政府示威，政府方面以武力鎮壓，內戰了八個月，直到十月二十日格達費死亡，終結了長達四十二年的統治所造成的動盪。

內戰過後的政局和社會肯定不穩定，二〇一二年九月十一日，位在利比亞班加西(Benghazi)的美國大使館爆發三十年來最嚴重的破壞，遭到抗議美國所拍攝汙辱伊斯蘭教的電影而做出的攻擊，導致美國大使死亡。

刻板印象中，利比亞總是讓人聯想到狂人格達費、恐怖主義等，但是利比亞的HDI可是高達〇．七六，排名世界第六十四名，與東南亞排名第六十一名的馬來西亞相當，比排名第六十六名的俄羅斯還好！不過利比亞的清廉指數卻與赤道幾內亞差不多，排名第一百六十名，可見得貪汙已到達無法無天的地步。

突尼西亞、阿爾及利亞和埃及的平均每人GDP剛好在非洲排名第七、八和九名（圖3），三個國家的HDI相近，這三個國家雖然地處非洲，但實際上和非洲其他國家的相似性卻很低，此三國鄰近地中海和西亞，自古以來歐洲人、阿拉伯人來來去去，都留下了痕跡和影響；當然目前的主流文化屬於伊斯蘭教文化，因此本區和西亞合在一起，稱為「西亞北非文化區」。

每十一萬人有一座國家公園

一九七六年時，非洲平均每人GDP最高的國家是加彭，是加彭經濟狀況最榮耀的一年，當時平均每人GDP緊追在世界排名第八的美國之後，排在第九位。加彭位在赤道上，一四七二年葡萄牙水手來到加彭的某處海灣，由於海灣地形像水手們穿的外套（葡語gabao），加彭由此得名。

加彭的HDI是撒哈拉沙漠以南的非洲國家中最高的，在九〇年代，加彭就已開始了多黨政治，憲法力求選舉透明化，可說是非洲民主化進程最佳的國家之一。自一九八〇年到二〇一〇年的三十年間，加彭的平均每人GDP都沒有成長，但是HDI卻年年高升，從一九八〇年的〇．五二二一路升到二〇一一年的〇．六七四，世界排名第一百零六名，與泰國的〇．六八二，排名第一百零三名非常接近；可惜加彭的清廉指數表現不夠理想，只排到第一百零二名，比印度的九十四名稍差，比菲律賓的第一百零五名好一點，這一點必然影響著國家經濟的發展。

加彭的國土面積是臺灣的七．四倍，人口卻只有一百五十萬，由於赤道橫貫國土的中部，全國八五％的土地被熱帶雨林所覆蓋，因而建立了十三座國家公園，擁有熱帶雨林所包含的各式各樣動植物，尤其是以擁有非洲數量第一的六萬隻森林野象和兩萬隻低地大猩猩為傲。

非洲以外，世界上平均每人GDP最低的國家是海地（一千一百九十四美元），在非洲平均每人GDP比海地更低的國家，竟然還有十九個！若是看HD

國名	HDI	國旗
辛巴威	0.376	
衣索匹亞	0.363	
馬利	0.359	
幾內亞比索	0.353	
厄利垂亞	0.349	
幾內亞	0.344	
中非共和國	0.343	
獅子山	0.336	
布吉納法索	0.331	
賴比瑞亞	0.329	
查德	0.328	
莫三比克	0.322	
蒲隆地	0.316	
尼日	0.295	
剛果民主共和國	0.286	

↑【表 1】全世界 HDI 值最差的十五個國家全部在非洲

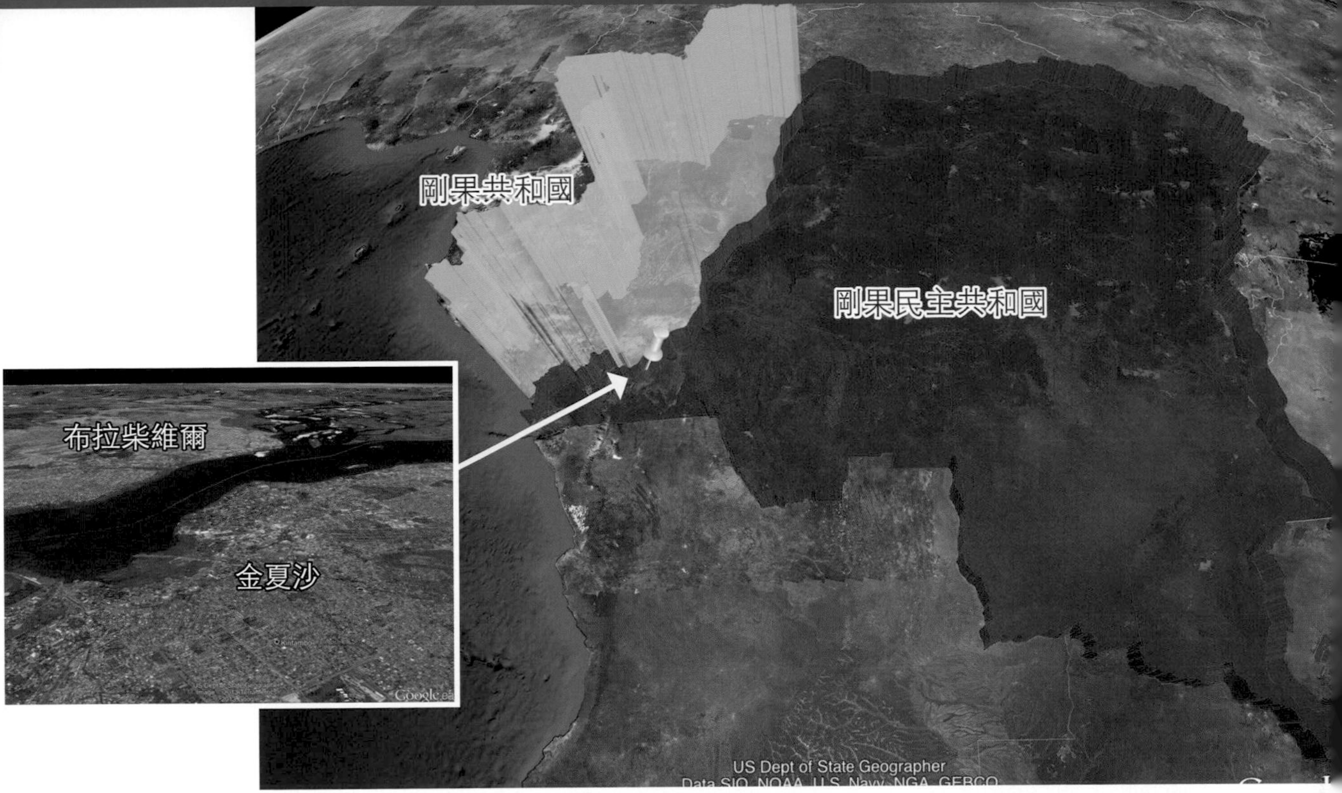

↑【圖 4】剛果民主共和國的首都和剛果共和國的首都僅一水之隔，兩國存在著領土爭議。這裡曾被葡、英、法、荷、比等國家相繼入侵，後遺症延續至今。

I，除了非洲以外，世界上HDI值最差的國家是阿富汗（〇．三九八），排名第一百七十二名，而在非洲HDI比阿富汗更糟糕的國家尚有十五個（表1）！

此時不禁佩服起阿富汗，在如此諸多大國連年摧殘之下，國家社會經濟發展程度還能比十五個國家強一些，實在是不簡單。但是反過來想，非洲這十五個世界HDI最差的國家，其人民究竟是處在什麼樣的生活中呢？

⊕ 北極熊可能比他們幸福

平均每人GDP位居全世界最後一名的國家是非洲的剛果民主共和國（圖4）。放大範圍來看，非洲最窮困的國家幾乎都集中在中部，何以至此？因為說不清楚為何要打的戰爭，連年一直打個沒完！生活在安寧世界的我們，常在瞎聊時談到什麼時候會發生第三次世界大戰，說實話，第三次世界大戰早就已經發生過了。

一九九八年到二〇〇三年在剛果民主共和國境內發生了大規模多國衝突，參與衝突的國家多達九國（圖5），包括剛果民主共和國（三百五十九美元）、盧安達（一千零一美元）、蒲隆地（四百六十六美元）、烏干達（一千二百一十四美元）、安哥拉（五千四百七十六美元）、坦尚尼亞（一千二百三十四美元）、辛巴威（四百三十三美元）、尚比亞（一千三百五十三美元）和納米比亞（四千九百一十四美元）。除了安哥拉與納米比亞外，其他國家的GDP不是千元俱樂部就是百元俱樂部，而且這九個國家多數都圍繞著剛果盆地周邊，身處內陸且交通不便，即使到了今日，剛果盆地的東側邊緣地區依然爭戰不斷。

在剛果發生的非洲大戰，估計死亡人數達三百八十萬人，如此多國的參戰，如此大量的死亡人數，卻無法引起世界各國的關注；說穿了是因為這些國家都是世界上最窮的國家，沒有太大的影響力，插手拿不到什麼好處，地理位置也沒有任何戰略價值，連讓軍隊進駐占塊地盤都引不起大國的興趣。國際正義、人道關懷、世界和平等理念，要在有利益時才會存在，在這些貧窮的國度裡是不存在的。全球暖化可能會讓北極熊滅絕，引起了世人的關懷，剛果盆地東緣的人民每天生不如死，他們卻遭到同類的漠視。

→ 十九世紀時英國人占領了尚比亞和辛巴威，當時稱作羅德西亞，而後當地人反抗殖民，逐漸形成今日的局面。二〇〇〇年開始，辛巴威黑人政權強制沒收白人土地，遭到各國經濟制裁，經濟陷入混亂，二〇〇八年六月的通膨達到二〇萬%，當時發行的錢幣最大面值為一百兆，形成人人有數兆，個個是窮人的詭異現象。二〇〇九年廢止本國貨幣，現行通用美元或鄰國貨幣。

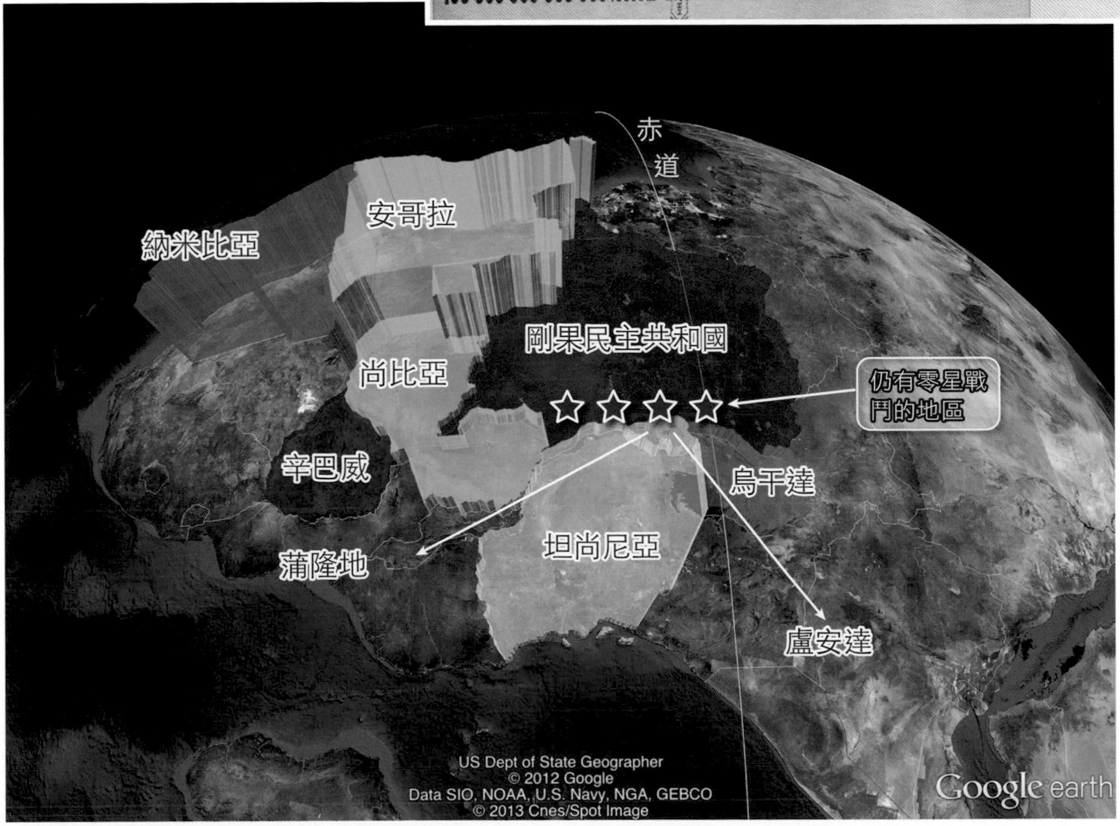

↑【圖 5】發生在剛果民主共和國境內的非洲大戰，共有九個國家參與，至今在剛果盆地的東緣仍有零星的戰火發生，強盜、屠殺等惡行更是橫行其間，無人可有效管轄。

12 風言風語

↑【圖 1】臺灣海峽最窄處只有一百三十公里，東北季風通過此區時，會受到兩岸狹窄通道的限制，而加速通過此段區域。

氣溫其實處處不同，大太陽下有樹蔭的地方和沒樹蔭的地方，氣溫就會有所差異，氣溫不同，密度就不同，氣壓也就不同，於是空氣會從高壓流動到低壓，形成風。

如果一切都是均質的，氣溫、氣壓都是相同的，那麼空氣將不會流動，當然也不會有颱風、龍捲風等帶來的災害，但想像身處在空氣完全靜止的世界裡，樹不搖、草不晃、身上熱氣不散，連海面都平靜無波像鏡子一般，這是多麼乏味而恐怖的死寂世界，幸好世界是不均質的，所以世界是活的。

⊕ 九降風

西元一六九四年（康熙三十三年）《臺灣府志》裡寫道：「九月則北風出

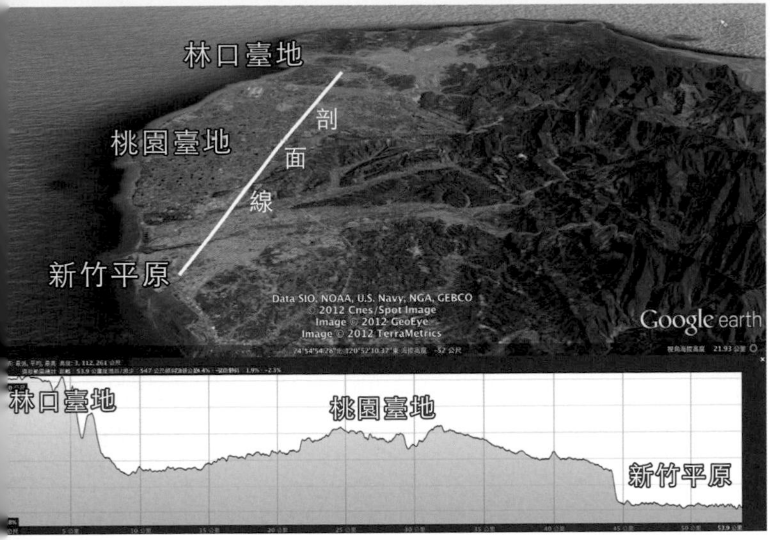

比熱

比熱是比熱容量的簡稱，是熱力學中的常用物理量。比熱是指某種物質的單位質量升高單位溫度所需要的熱量。比熱愈大的物質，單位質量需要愈多的熱量才能升高單位溫度，簡單地說，比熱愈大吸熱愈慢，散熱也愈慢；反之，比熱愈小，吸熱愈快，散熱也愈快。

←【圖 2】冬季東北季風經過林口臺地、桃園臺地一路下降到新竹平原，平坦無阻礙以及下降風，造成強勁而乾燥的風。

烈，或至連月，俗稱為九降風。」此風是發生在九月（中國傳統農曆）霜降之後，遭受強風吹襲下的新竹地區。

為何此時的風既強勁又乾燥呢？霜降的時間是西曆十月二十三到二十四日之間，此時太陽的直射點從北回歸線移動到赤道，北半球漸冷，而陸地的比熱比海洋小，吸熱快，散熱也快，亞洲內陸快速降溫，因此來自蒙古高原、西伯利亞一帶的強烈冷高壓，一路吹到臺灣海峽變成東北季風，東北季風通過中國與臺灣之間的狹窄處（圖1），風速會因地形狹窄而增強，就好像站在學校穿堂，狹窄的通道使得不論何時都可以感受到風比其他地方要來得大一些。

強勁的東北季風經過平坦的林口臺地和桃園臺地，一方面地形平坦阻力較小；另一方面，從兩百五十公尺的林口臺地到新竹平原幾乎是一路緩降而下（圖2），結果風速強又不會凝結（空氣下降、氣溫上升，水氣不容易凝結），新竹人利用此風吹乾米粉、柿餅，創造出在地的特殊名產。

⊕ 焚風（föhn）

föhn 這個字緣起德國的高山地區，源自拉丁文 favonius（溫暖的西風），也可用於表示「吹風機」的意思。這個字的概念

濕空氣每上升100公尺
大約降低攝氏0.6度
乾空氣每下降100公尺
大約上升攝氏1度
中央山脈
臺東

↑【圖3】來自海上的西南風遭遇中央山脈的阻擋而上升時，大量水氣因降溫而凝結釋出，水氣釋出同時也放出潛熱，因此氣溫下降的幅度減緩；翻過山脈順著山坡下降時，由於大部分的水氣幾乎都已釋出，而乾空氣每下降一百公尺，氣溫約略上升一度，使得這一股氣流吹到臺東時成了又乾又熱的焚風。

來到臺灣之後，我們稱為「焚風」；在世界各地，這樣的焚風有不同的稱呼，例如後面會提到在加州北部的暗黑破壞神風 (Diablo wind)，而在加州南部則稱為聖安娜風 (Santa Ana wind)。

焚風的發生有幾種不同的理論，大家比較熟悉的是常被放在教科書裡的熱力學理論，熱力學理論認為因乾空氣和濕空氣的熱遞減率不同，濕空氣每上升一百公尺，氣溫約會下降攝氏〇．六度；乾空氣就不一樣了，乾空氣每下降一百公尺氣溫約會上升攝氏一度（圖3）。

若翻越一道三千公尺的山脈，原本的濕空氣爬升到三千公尺的山頂時，空氣中所含水氣大致都已釋出，再順坡而下，變成了一股乾燥的空氣，所以氣流翻越山脈前後，氣溫可增加十二度；若是翻越三千公尺高山前的氣溫是三十度，那麼翻山後就變成四十二度高溫了。這套理論很容易懂，但有時在迎風面上坡的過程中，在未降水的情況下，翻過山後卻也會出現焚風，例如暗黑破壞神風就是一例。

另外還有一種動力學理論解釋焚風發生的原因，用超臨界流與亞臨界流的轉換過程中，風的動能會轉換為內能來解釋氣溫上升的現象。用超級簡化的方式來說，風通過障礙時會加速（經過大樓旁的風都很大），通過山谷時會加速、壓縮（經過兩棟樓之間的風很大），最後高速風衝撞低速風時，氣溫會因而上升。

在阿爾卑斯山區，來自地中海的風帶有濕氣，翻過高聳的阿爾卑斯山之前，水氣大量排出，翻過之後乾空氣下沉，氣溫急速上升，使得阿爾卑斯山北坡的積雪迅速融化，所以當地人又把這種風稱作「食雪者」。

登山者對焚風是心存畏戒的，因為焚風會導致山上的積雪變得不穩定；早期的牧民對焚風是心存感恩的，因為焚風讓春雪早融，牧草早發；觀光業者和旅遊者是深感幸福的，因為焚風讓光線折曲，導致遠山看來更加高大而雄偉。

⊕落山風

臺灣南端的恆春半島，是中央山脈最南的尾端，中央山脈擁有超過三千公尺以上的山岳有六十九座之多，但是往南逐漸低降，到了恆春半島的枋山鄉、達仁鄉高度只剩下大約四百公尺，東北季風碰上三千公尺的中央山脈，部分氣流自然順著山勢往南，再翻越僅有數百公尺的恆春半島。

恆春半島上有個風景優美的楓港鎮，「楓港」是「優美化」後的地名，原來的名稱很直接，就是「風港」。顧名思義，這裡的風很特別，有多特別？風速最大時可達到每秒三十七．二公尺（時速一百三十四公里），相當於中度颱風。火車鐵路在枋山路段蓋有防風隧道，以免火車被吹翻。

楓港鎮有條楓港溪，楓港溪主幹流雖然只有短短二十公里，但是楓港溪所在的恆春半島寬度也只有二十二公里，當東北季風輕易地進入楓港溪河谷，由於河

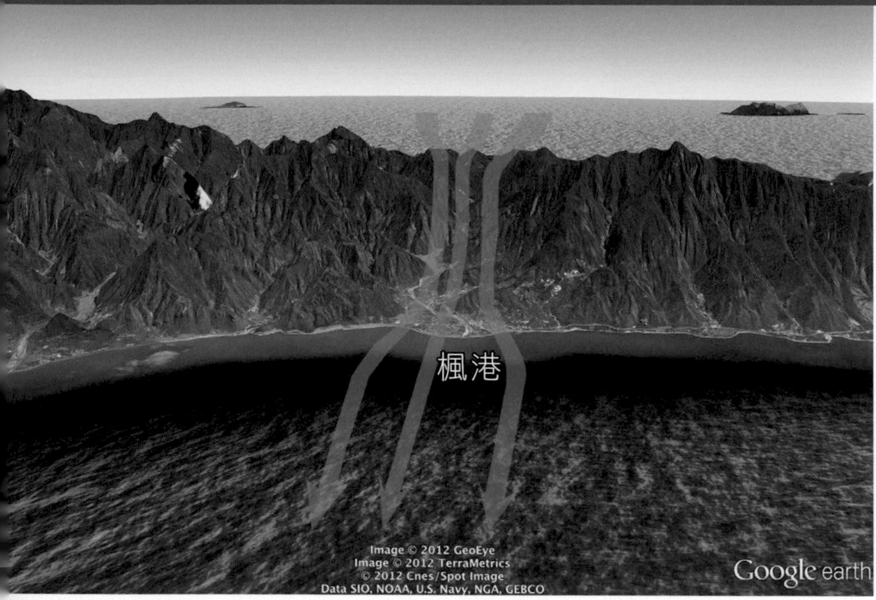

→【圖 4】東北季風進入楓港溪河谷，受到河谷地形的限制，原本就很強勁的冬季東北季風到達楓港鎮時，風速更強。

谷地形限制，風速會強化，原本就很強勁的冬季東北季風到達楓港鎮時已變本加厲，風速強到幾乎媲美颱風（圖4）。

為何同樣是翻越山脈，落山風卻不是焚風？簡單地說，翻過的山不同──山的高度不同，山谷的長度不同。想想看，楓港鎮的落山風不過翻越四百公尺的山脈，而氣流抬升四百公尺不足以將空氣中所含的水氣排光，所以氣流翻越山脈前後，溫度幾乎沒有太大的變化。換個角度看，雖然空氣進入楓港溪河谷，不斷壓縮、下降，但是楓港溪谷長度很短，壓縮效果有限，不會增加溫度，因此也不會出現焚風的現象。

⊕ 暗黑破壞神風 (Diablo wind)

Diablo 這個字年輕人應該都很熟悉，或是說喜歡玩電腦遊戲的人一定很熟悉，Diablo 就是鼎鼎大名的暗黑破壞神啦！Diablo 在遊戲界很有名，在北加州有另一種形式的出名，那就是暗黑破壞神風。

秋天來臨時，來自加拿大的極地大陸冷氣團開始愈加強盛，對舊金山沿岸而言，內陸的冷空氣產生高壓，空氣從內陸山區順著地勢流瀉而下，先穿越中央山谷，再擠進暗黑破壞神谷（圖5），風速變得更加強勁而乾燥，會加大森林火災

↑【圖 5】秋季內陸開始變冷，風從內陸吹向舊金山沿岸，
先經過中央山谷，再經過暗黑破壞神谷。

的潛在危險。

到了春天時節，大地回暖，在此時刻，舊金山外海的加利福尼亞涼流對上方空氣降溫的效應特別明顯，海上的氣溫低於陸地，於是風從海上吹向內陸，如果氣壓梯度夠大，乾燥的海上風會變得非常強勁，風速可達到每小時六十四公里或更高，相當於八級風力，行人在此風力下迎風前行會感覺阻力甚大。

海風吹到暗黑破壞神谷旁的山坡或是其他的山坡，若遭逢森林大火，上坡風會助長野火發生時所產生的上升氣流，這時事情會變得很棘手。暗黑破壞神風發生在春、秋季節，如同幫浦般進行陸向海、海向陸的風向交替，不管是哪個風向，對森林火災而言都是挺麻煩的，不過還是秋季的風最危險。

⊕ 聖安娜風 (Santa Ana wind)

聖安娜風發生在美國南加州，這是由於內陸沙漠區出現高壓，沿海呈現相對低壓，因而風從內陸沙漠的反氣旋，以順時針方向一路吹向洛杉磯盆地（圖6），抵達南加州沿岸，此過程中，氣流順著地勢下降，經過山谷時受到壓縮、增溫，形成焚風現象。

每年九月到隔年四月都會出現聖安娜風，冬季十一月到一月則是高峰期，一路狂奔的聖安娜風風速可達到每小時八十公里或更高，但通常只出現在清晨或黃昏，白天時風力微弱。

南加州經常可以看到有人開門時突然跳起來，因為被靜電電到了！這也是聖安娜風帶來的附加影響之一，聖安娜風源自沙漠，又一路沉降、壓縮，相對濕度只有五％～一五％，有時甚至低於五％以下，是極度乾燥的風，不但會引發火災，還會形成一個讓許多物品上產生和積存大量靜電的環境，小則讓平淡生活突然刺激一下，大則引發油氣爆炸、燃燒，導致意外發生。

別小看靜電，在美國每年因靜電而直接造成的經濟損失，高達二百億美元（相當於九一一恐怖攻擊所造成二百零七億美元損失）。

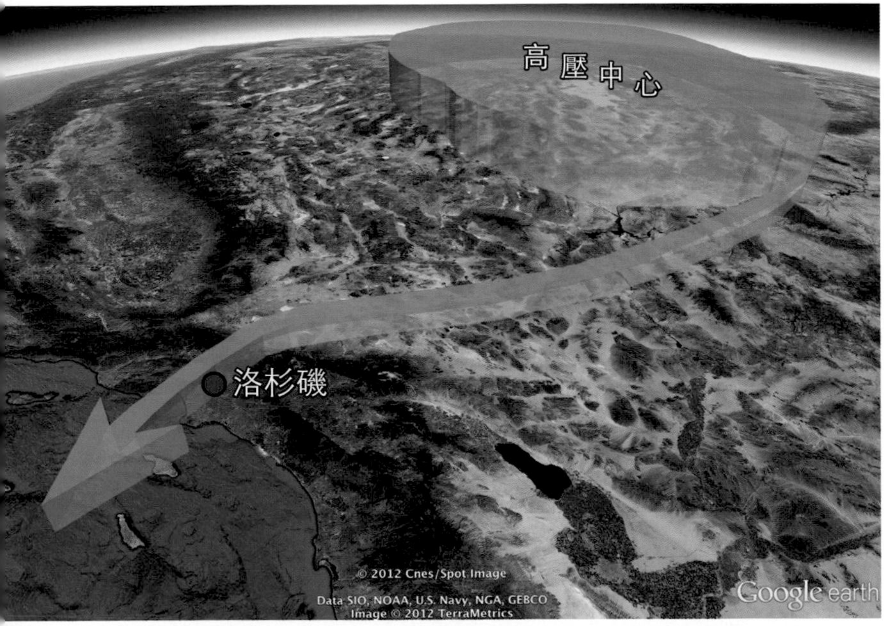

↑【圖 6】美國西部高原區容易產生高壓中心，順時針旋轉的反氣旋，風從內陸不斷下降、壓縮，一路吹向洛杉磯盆地，此風強勁又乾燥，使得當地相對濕度極低，不但容易引發火災，而且容易產生靜電，帶來生活的不便和生命財產的損失。

13 海洋到處都有魚嗎？

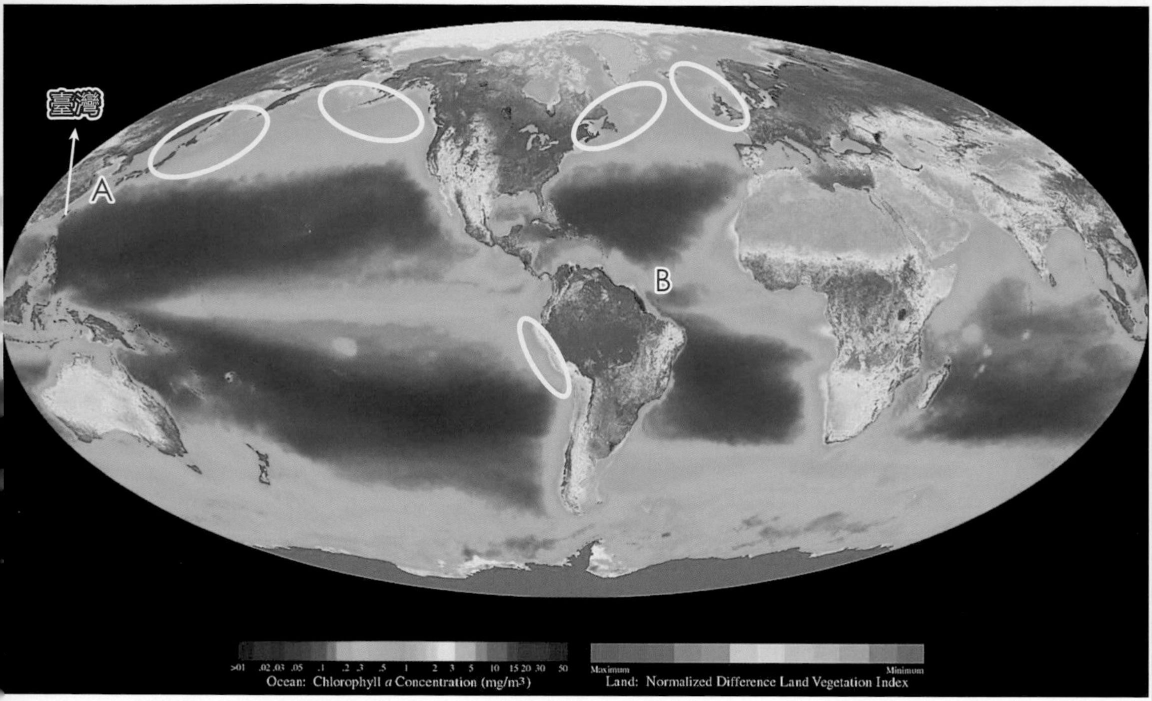

↑【圖 1】海洋葉綠素濃度與陸地植被分布圖。愈偏向紅色，葉綠素濃度愈高，愈偏向藍、紫色，葉綠素濃度愈低。黃色圓圈代表世界五大漁場的位置。

世界五大漁場

太平洋的西北、東北和東南有三個漁源豐富的大漁場，大西洋則是在西北和東北有兩個大漁場，兩大洋加起來共有五大漁場。為何五大漁場有豐富的魚群呢？先打開一張全球海洋葉綠素濃度分布圖（圖1），再將五大漁場的位置標示在這張地圖上，從圖上可以明顯看出，五大漁場均位在葉綠素濃度較高的區域。

另外，從海陸分布區域來看，五大漁場都位在陸地邊緣，若不是寒、暖流交會處，就是暖水流入冷水水域或冷水流入暖水水域。

從以上的歸納可以分析五大漁場為何有豐富的魚群聚集，第一、各種魚的習性不同，有的喜歡暖水，有的喜歡冷水，有的愛高鹽度，有的愛低鹽度，寒暖流交會處可說是各種環境喜好的魚種大量匯集的地方；第二、靠近陸地邊緣有機會得到入海河流帶來豐富的沖刷物質，提供巨量海洋藻類所需的營養鹽，藻類滋生，浮游生物就會爆量，魚群就為覓食而來；第三、冷水提供較高溶氧量，對大量魚群聚集有所幫助。

以上三點概略地說明五大漁場擁有豐富漁業資源的原因，但是海洋這麼大，難道只有這些地方有魚嗎？

⊕ 海洋餐館地圖

若說只有五大漁場有魚，當然是太過誇張了，但海洋雖大，卻不是到處都有魚兒的。話說人為財死，鳥為食亡，海裡的魚兒則是為了食物而整日尋尋覓覓，海洋裡的食物在哪裡呢？這個問題用海洋葉綠素濃度分布圖來回答再清楚不過了，哪裡葉綠素濃度高，哪裡的浮游生物就多，食物當然就愈加豐富囉！當然也就是魚兒趨之若鶩的地區了。

可是大家應該也注意到了，有更大片葉綠素濃度極低的區域（深藍色區域）分布在各大洋，這裡的魚群肯定相當稀疏，於是大型捕魚船隊只需到魚群密集的區域捕魚就行了，再加上現代科技的幫忙，幾乎可以做到一網打盡的水準，這樣的結果是——海裡的魚快被抓光了！

起初連科學家自己都不大相信，可是隨著愈來愈多調查資料一一浮現後，愈來愈多海洋科學家已從不相信且樂觀的態度，逐漸變成愈來愈悲觀。最悲觀的報告出現在二〇〇六年年底，加拿大新斯科細亞省(Nova Scotia)的達豪士大學海洋生態保育學家沃姆(Boris Worm)在《科學》上說：二九%的現有魚種捕獲量比史上最高紀錄減少了一〇%。

沃姆在報告中指出，如果這個趨勢持續不變，二〇四八年之前，全球漁業就會崩潰。但也有比較樂觀的學者相信只要做好漁業管理，情況不至於這麼糟。至於如何管理及維護海洋漁業資源？有學者使用渾沌理論說明漁業資源的狀況，依據數學原理，如果海洋裡的大魚數量銳減，只剩下較小體型的魚種，由於小魚體脂肪較少，對抗環境變化的能力較差，魚群總量比較容易大起大落，海洋生態系統偏向不穩定。若要維護魚群數量上的穩定，那麼應該減少大型魚類的捕捉，大型魚可以繁衍數量較多的小魚，而且是品質較好的小魚。有些國家的漁業規章限制捕捉小魚，但實際上恐怕應該放掉的是大魚，只抓小魚。

消費者其實也可以對海洋漁業資源盡一份心力，只選擇食用體長五十公分以下的魚。不吃大型魚對消費者還有其他好處，例如大型魚的壽命較長，體內會累積較多各種有毒物質（例如汞、多氯聯苯），吃大型魚的同時，也順便把這些有毒物質吃進肚子裡了，不覺得可怕嗎？

順便說個題外話，人體其實很毒，因為人類的壽命很長，又吃了一堆有毒物質，許多有毒物質累積在體內，人死亡以後，不論是埋掉或燒掉，有些有毒物質仍會散播到環境之中，再度造成汙染。

⊕河口的效益

把目光移到臺灣周遭，你會發現臺灣東部外海好乾淨。在葉綠素濃度極低的情況下，沒有太多藻類，也沒有太多浮游生物，當然絕不會是個好漁場，這是因為東部外海的黑潮來自近赤道的低緯度海洋，而沿著低緯一路看過去，太平洋中間都是葉綠素濃度極低的海洋，這個區域缺乏來自大陸沖刷下來的營養鹽，延伸過來的黑潮，就屬於寡營養鹽的洋流。

圖1中，那些高濃度葉綠素的區域有什麼特別的條件呢？例如A點和B點是什麼樣的原因導致高濃度葉綠素呢？答案是A點位在長江口，而B點位在亞馬遜河口，都是巨大的江河出海口，可以無止盡地沖刷出大量的營養鹽。

⊕颱風的效益

有次筆者的太座從市場回來後說：「奇怪，市場裡的魚變便宜了！」我告訴她是因為颱風剛過去，颱風會劇烈攪動海水，促使營養鹽翻攪到海水表層，緊接著藻類數量大爆發，魚群也就跟著變多了，漁民的漁獲量跟著增加，魚市場的供貨充裕，自然價格會向下滑落，這也算是颱風帶來的「正面」效益之一。

⊕ 魚少了，垃圾多了

美國環保署在中途島的研究報告指出，生活在島上的黑背信天翁，每年誕生的稚鳥有將近半數被活活餓死，這些稚鳥餓死的主因，是牠們小小的肚子裡塞滿了一堆無法消化的塑膠垃圾（照片1）。

中途島上無常住居民，只有一百五十名美國漁業與野生動物管理局的派駐人員，然而海岸邊依然充滿垃圾，這些垃圾來自太平洋周邊許多國家。日本的藤枝教授想知道垃圾是從哪兒來的，突發奇想地開始收集海邊的打火機，打火機上的商標可以說明來源地。

經過六年統計追蹤，結果顯示中途島上黑背信天翁稚鳥屍體裡發現的打火機，有五八．二%來自日本，一八．八%來自臺灣和中國，這些顏色鮮豔的打火機，在海上看起來像小魚；透明的塑膠袋或碎片，看起來像水母。這些塑膠製品要分解掉，需要耗時二十年到四百五十年，而世界各地廢棄的強韌魚網更是需要六百年才能分解掉（圖2）。每一天、每一分鐘，太平洋周邊各國都有塑膠垃圾棄置到海裡，當永無止境的垃圾大隊透過洋流系統，在太平洋渦漩集結時，就讓「中途島」變成垃圾中途之島了。

最近出現了一個好消息，《科學》刊登了一份研究報告，報告中指出科學家在北大西洋西部的一處海域進行了二十二年調查，發現塑膠量竟然沒有增加，可是在同一時間，全世界塑膠產量增加了三倍多。這就奇怪了！海上的塑膠垃圾跑哪兒去了？研究顯示，或許是海洋微生物吞食了這些塑膠碎片，這份研究給了大家一線光明，若是能找到海洋微生物如何分解塑膠的機制，那可真是一項偉大的貢獻。

↑【照片 1】人們驚訝地發現：想像中，在太平洋中間的中途島應該是個遠離人煙的「純淨」樂土，然而生活在島上的黑背信天翁卻因誤食幾千公里外漂來的各種塑膠垃圾而死。這些看起來像食物的塑膠，一直停留在牠們的胃部無法消化，導致真正的食物進不來，最後悲慘地被活活餓死。

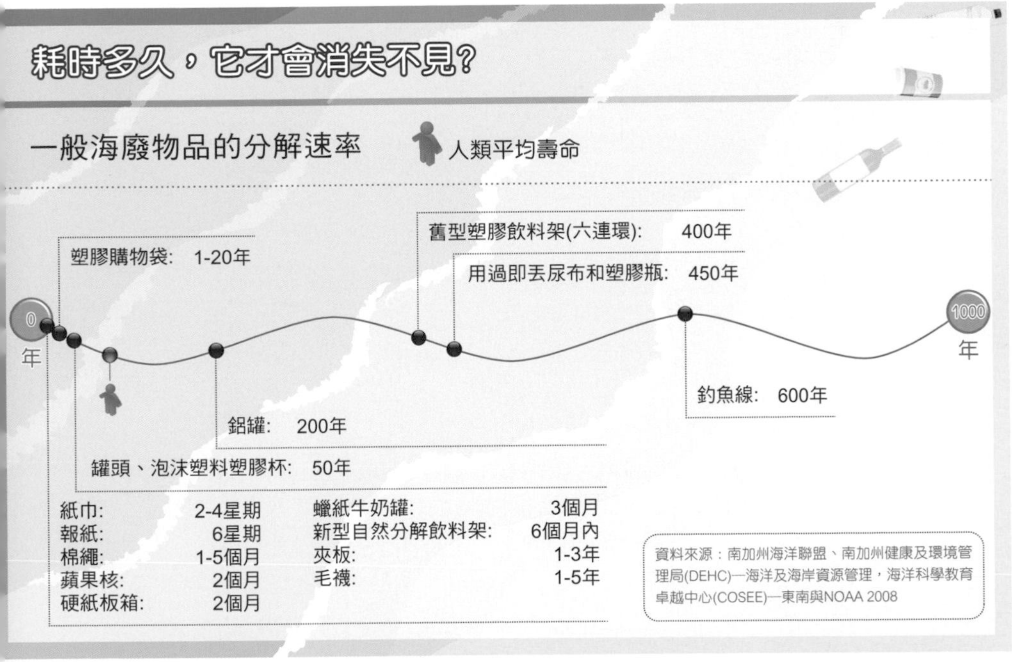

↑【圖 2】圖中所列出的日常用品幾乎深入我們的生活之中，一個鋁罐不但要花費大量能源來挖掘和製造，隨意丟棄到環境之中，要花兩百年才能分解。明朝張居正當政時，若是丟了一片紙尿片和一個塑膠瓶，鄭和下西洋時若是丟了一段現代的釣魚線，可是要到今天才分解得掉。

14 看懂溫度分布

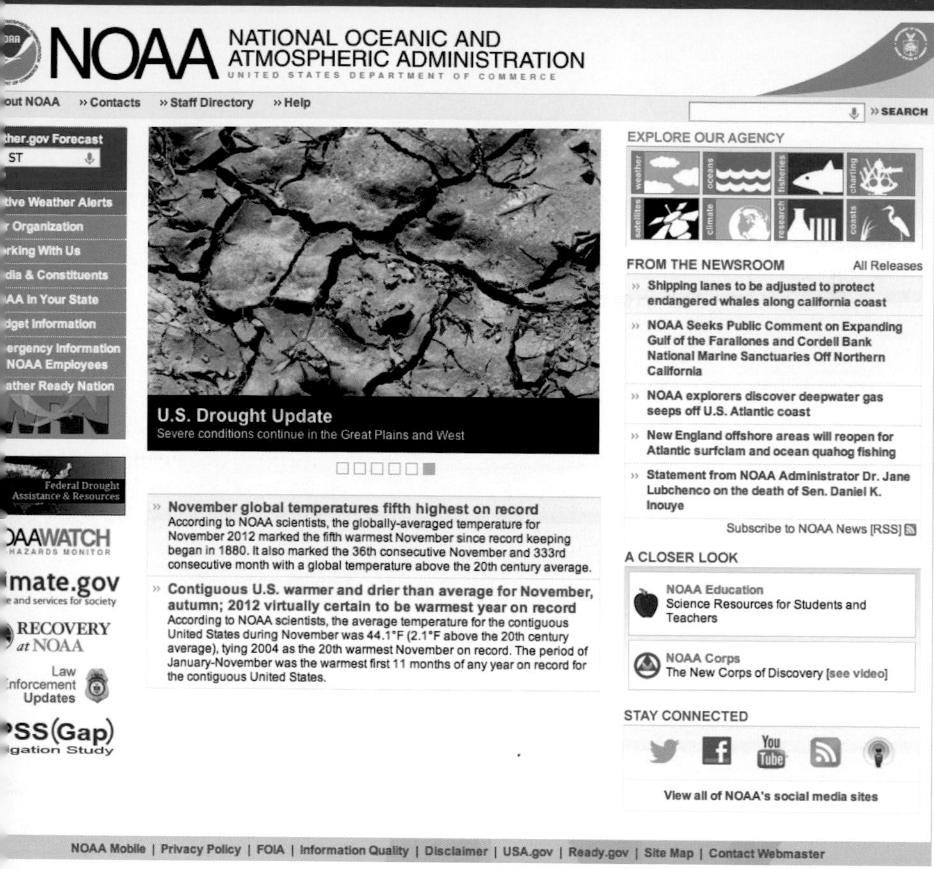

←【圖 1】美國國家海洋暨大氣總署是個科學機構，此機構的使命是理解並預測地球環境的變化、海洋資源的管理，以滿足國家的需求。左下角「Federal Drought Assistance & Resources」提供農業方面的資訊，「NOAA WATCH」提供氣象、水文、海嘯、火山的預報，「Climate.gov」是提供氣候訊息的地方，「Law Enforcement Updates」則是法規探討，「JPSS」是繞極衛星的相關研究，用來補足其他氣象衛星資料的缺口。

每天一出家門就可以立刻感受到今天的氣溫如何，是熱到發昏？還是冷到打顫？想預先知道天氣狀況，可以上網看看中央氣象局的網頁，裡面有許多非常實用的訊息，從生活氣象到衛星雲圖、雷達回波、海溫分析等資料，不論是一般社會人士，還是有專業需求的人，都能獲得所需的資訊。

若要看國際、全球的氣候、氣象資料，美國國家海洋暨大氣總署(NOAA)是個非常正點的訊息寶庫（圖1），NOAA下轄氣象局、海洋局、海洋漁業局、環境衛星訊息中心等單位。光聽到這些單位，再加上美國的經濟實力，就不難想見裡面的資料有多令人期待了；但生活在臺灣的我們，還是先來看看這塊土地上的氣溫分布特色。

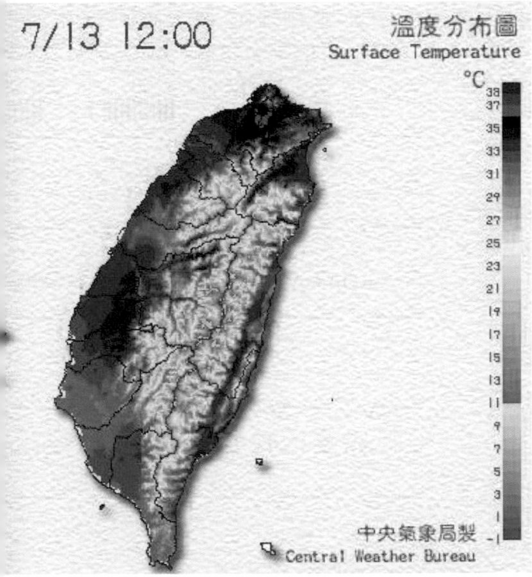

↑【圖 3】中央氣象局所繪製七月十三日的氣溫分布圖，新聞播報稱臺灣被「烤熟了」，但看圖即知烤得並不均勻。

↓【圖 2】中央氣象局的網頁提供大量的氣象、水文資訊，左側視窗中的「觀測」資料，更是國人不看可惜的訊息。

烤熟的番薯

二〇一二年夏天，新聞主播以一種驚奇又無奈的眼神播報著新聞：「臺北市今天（七月十三日）連續第五天高溫超過攝氏三十七度，最高溫是中午的三十七．二度。」連續五天三十七度肯定讓人聽到都開始冒汗了，心中想著墾丁在臺灣的最南邊，一定熱到馬路都融化了吧！

打開中央氣象局網站（圖2），左側有個「觀測」視窗，視窗裡有個「溫度分布」，點選進去後可看到臺灣地區最近三天的氣溫分布圖，甚至還有「最近六小時動態顯示」，當然也可以打開「單張顯示」，選擇特定一天和特定時間。既然新聞說臺灣像是個烤熟的番薯，那麼我們就來看一看七月十三日這顆番薯烤得是否均勻（圖3）。

都市像熱島

照理說，緯度愈低，太陽入射角愈大，太陽給予同樣海拔、同樣面積地面的能量愈大，也就是說氣溫會愈高；可是從中央氣象局七月十三日的氣溫分布圖來看，位在臺灣最南端的墾丁氣溫卻比臺北還要低七度，臺北的緯度比墾丁高，卻烤得比較熟，這是什麼原因呢？

首先，臺北市人口有兩百六十七萬，高度的人口密集，大量的冷氣、汽車、機車等發熱源聚集；其次，臺北市是盆地地形，而且高樓多，熱氣不容易發散出去，愈是都市中心，這種現象愈是顯著，因此形成臺北市中心氣溫較高，而大臺北郊區的氣溫稍低的一種特別現象，這種現象的專有名詞叫做「熱島效應」；最後，夏季吹的西南季風受到臺北盆地周遭地形的阻擋，使得盆地內的熱氣不容易受到氣流引導而散失，熱氣不斷積累，冷氣用電更加兇猛，排出更多熱氣，如此惡性循環造成溫度居高不下。

風與地形

墾丁雖然緯度較低，太陽入射角較大，但是墾丁位在臺灣南端，屬於中央山脈的尾端，中央山脈在此地勢低矮，夏季的西南季風不會遇到太大的阻礙，可以很順利地將陸地上的熱氣帶走。毒辣的日光雖然不斷輸送熱能量到墾丁，但是西南季風加上海風卻不斷帶走熱能量（圖4），所以氣象局七月十三日的氣溫分布圖

↑【圖 4】墾丁位在中央山脈的最南端，夏季西南季風可以較順利地翻越低矮山脈，帶走地面散發的熱氣。

上，才會顯示出墾丁的氣溫竟比臺北市低了七度。

把目光轉移到東部，許多人說花東地區是臺灣的後花園，人口少又缺乏工業，照常理推斷，花東縱谷應該比較涼爽宜人囉！可是仔細一看氣溫分布圖，花東縱谷的氣溫大約在三十三到三十六度，比墾丁還高三到六度。

其實道理還是在氣流，花東縱谷夾在中央山脈與海岸山脈之間，而且中央山脈高得不得了，臺灣超過三千公尺的山岳中，中央山脈就獨占了六十九座。這一巨大高牆屏蔽了西南季風，使得花東縱谷的熱氣不容易迅速飛散，雖然是「後花園」，但是熱氣不斷積累，花園的氣溫還是會居高不下的。

再向北看，宜蘭平原也是氣溫高達三十三、三十四度，而且靠近海邊的氣溫是三十三度，靠山邊的氣溫反而是三十四度，這個狀況也是地形阻擋西南季風所導致的結果。

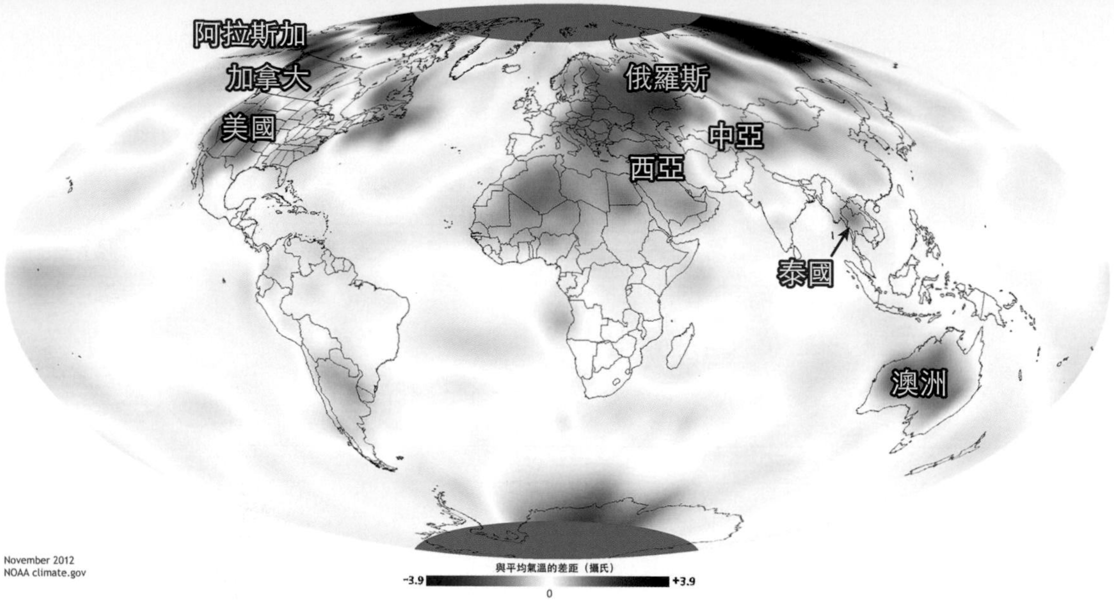

↑【圖 5】根據美國國家氣候數據中心的最新月度分析，二〇一二年十一月是第五個最溫暖的十一月。

全球暖化

筆者在二〇一二年十二月寫這篇文章時，前一個月的十一月真是熱到不行，而十二月聖誕節時，菲律賓外海竟然還出現一個「悟空」颱風，真是讓人感覺怪怪的。

到美國國家海洋暨大氣總署的網頁瞧瞧，現在的熱門話題很明顯的是全球暖化和極端氣候，根據美國國家氣候數據中心的紀錄顯示，從一八八〇年開始有紀錄以來，二〇一二年十一月是第五個最溫暖的十一月。從另一個角度來看，也是一百三十二年來第三十六個十一月份的全球平均氣溫高於二十世紀的全球平均氣溫；同時一千五百八十四個月份中，有三百三十三個月份的全球平均氣溫高於二十世紀的全球平均氣溫。

這樣的數據似乎讓人感覺到全球各地的氣溫都變高了，實際的情形卻不是這樣，而是有些地區變暖了，有些地區卻變冷了，以一九八一年~二〇一〇年的平均溫度作為基準，根據全球觀測資料顯示，二〇一二年十一月，世界大部分地區的月平均氣溫確實高

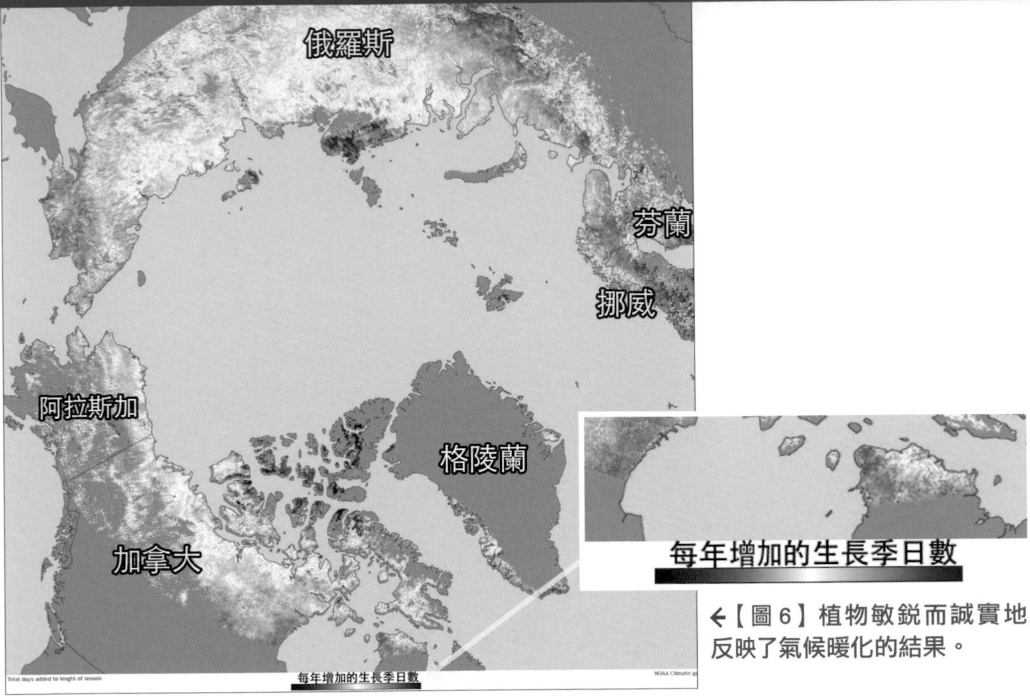

←【圖6】植物敏銳而誠實地反映了氣候暖化的結果。

於基準，紅色區域表示高於基準攝氏三．九度的地區，其中包括俄羅斯的歐俄地區、澳洲西部高原與中央低地、美國的中部到西部、非洲的北部，和大多數的歐洲及西亞地區、東南亞的泰國。不過，同一個時期，有些區域卻比基準低了攝氏三．九度（藍色區域），包括中亞地區、加拿大西部和中部與美國阿拉斯加、東部地區（圖5）。

自我實踐預言

相對於人類對氣溫變化的駑鈍與顢頇，植物的反應可就敏銳而直接得多了。依據一九八二年～二〇〇八年衛星觀測高緯地區的植物變化情形，把植物呈現綠色的時間長短作為基準，圖6中綠色區域表示生長季比基準長了至少兩天（有些地區的生長季至少長了三週），棕色區域則是至少短了兩天（圖6）。

高緯氣溫變暖因而生長季變長的情形，很容易理解，但為什麼有些高緯地區的生長季卻逆勢變短了呢？其中的原因包含了因溫度上升使得降水時間及量出現變化，影響了植物生長；或是溫度上升導致土壤中水分蒸發，使土壤過於乾燥而抑制了植物的活動。

「北極熊快餓死了！請救救北極熊！」這樣的廣告到處都看得到，但是大家的生活方式有因而改變嗎？如果沒有「親眼」看到，維護環境、拯救瀕危生物這樣的道德訴求，對心靈的衝擊想必是有限的，要親眼看見難度太大、代價極高，用衛星間接看見，雖然不比親眼看見來得震撼，但或許感受會比完全無視稍微強烈一點吧！

二〇一二年八月二十六日，衛星拍攝的影像讓我們得知北極海冰的面積已經縮減至四百一十萬平方公里（圖7），大約是美國的一半大小，但這還不是最後結果，夏季的融冰季節要到九月中旬才會結束，然而到了九月中旬時，北極海冰只剩下三百四十一萬平方公里，這可是目前的新低紀錄啊！這個紀錄比前一次在二〇〇七年創下的最低紀錄縮小了一八%，和一九七九年～二〇〇〇年的長期觀察平均值相比，幾乎少了一半！

生活在臺灣的我們，絕大部分日子是看不到冰雪的，合歡山每年開始下點雪，遊客就瘋狂地擠進山裡，欣賞那短暫、白靄靄、不太真實的世界；然而在北極，冰雪覆蓋的地表才是真實的世界，若只剩一片汪洋海水而沒有一點冰塊，恐怕才真是進入超現實的畫面——彷彿是看到臺灣一半的土地，有一天突然變成了沙漠，放眼望去，只見到稀疏的仙人掌矗立在乾旱的地表上一樣詭異。

北極海冰的變化會直接影響到食物的供給，什麼樣的浮游生物在何時何地出現與改變，會使得仰賴牠們的魚群也跟著改變。北極海冰就像是個海上的木筏，北極熊、海豹、海象以及許多海鳥，都需要仰賴這個木筏休息、交配、生育，現

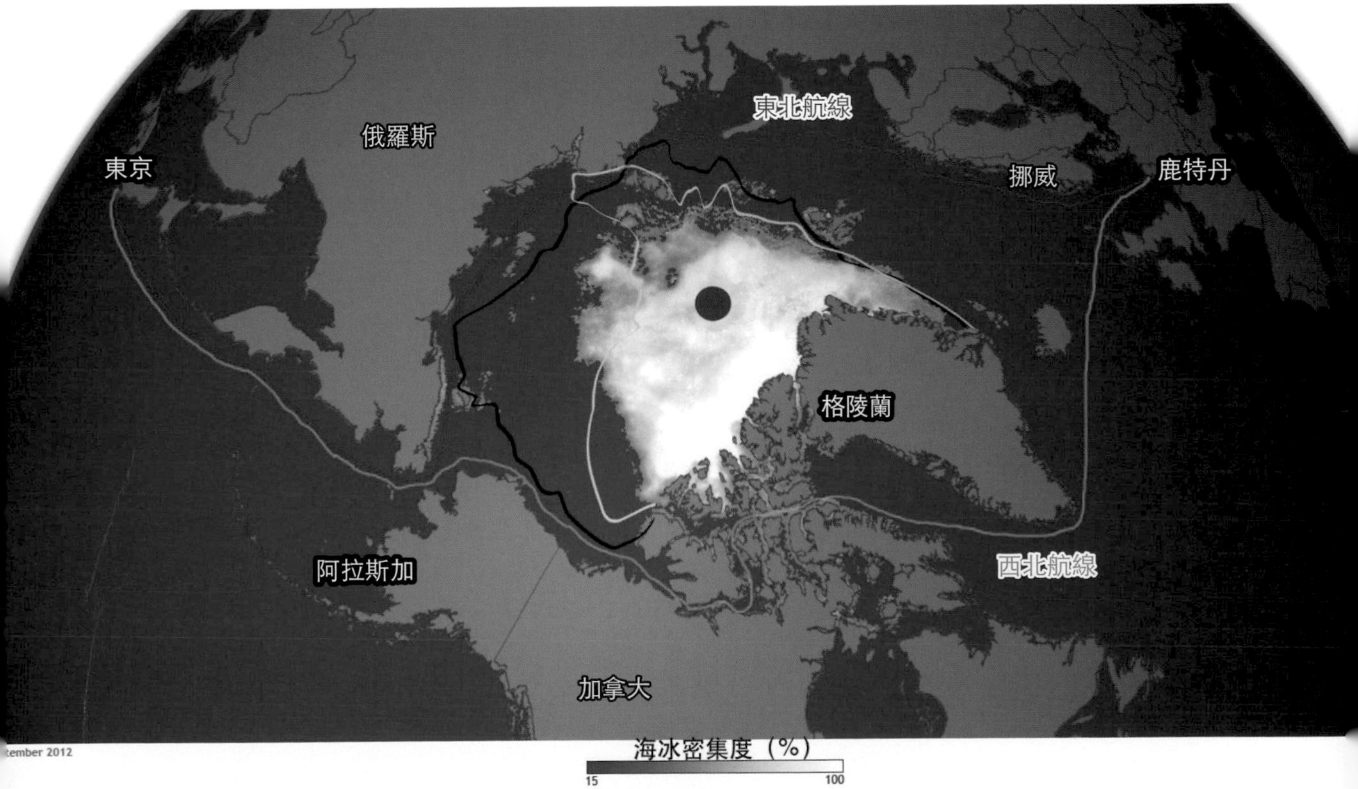

↑【圖 7】二〇一二年九月，北極海冰出現驚人的快速融化現象，海冰面積縮小到創下新紀錄。黑色線代表一九七九年～二〇〇〇年九月中旬海冰面積的平均值，黃色線代表前一次紀錄海冰面積的最小值（二〇〇七年），白色區塊則是二〇一二年九月十六日衛星拍攝下的北極海冰。海冰的退縮讓西北航線和東北航線重新變成熱門話題，從鹿特丹到東京，若是走西北航線，大約是一萬五千五百公里；若是走東北航線，則大約是一萬三千公里，這當然是概估值，北極浮冰很多，真正的航線距離是很難精準計算的。

在可糟了，木筏愈來愈小，眼看著就要解體了。少年Pi的船若是解體，大概也就沒戲唱了吧！

冰的比熱極大，比熱大的物體吸熱慢、散熱也慢，於是大片浮冰可以反射大量太陽輻射熱能，現在海冰消失了，清澈的海水可以透射大量陽光，就好像是個黑洞一樣，大量陽光進入，卻只有少量輻射逃離；也就是說北極海會吸收大量熱能，這種物理性轉變會大大加速暖化過程，科學家稱這種現象為「北極擴大機」。

全球暖化的過程有點像是自我實踐預言，大家說、天天說，說到已經「習慣」了，習慣是個很可怕的東西，習慣會讓我們的行為不太需要使用大腦，無腦的行為一直持續下去，直到另一個復活島的故事重現。

太陽輻射

太陽不斷地核融合所產生的能量，經由電磁波傳遞出去的能量，此種能量稱為太陽輻射。

復活島的故事

復活島是位於南太平洋中部的島嶼，雖然只是個小島，但島上有許多種鳥類棲息、沿海有各種魚類聚集。原本森林綠蔭濃密，但到了西元一一〇〇年，復活島上的居民開始運用島中央的岩石來雕塑石像，作為崇敬天神的象徵。

當時他們先是橫著雕刻石像，再大量砍伐島上的棕櫚樹，運用棕櫚樹當作滾輪來搬運石像，到了海邊再用棕櫚樹編成的繩子將石像拉直矗立起來。

然而沒有了棕櫚樹的土地暴露在海風下，土壤裡的水分流失，地表肥沃的土壤被海風吹走。

經過八百年左右的時間，復活島的天然資源已消耗殆盡，貧瘠的土壤無法孕育作物，經濟瓦解，文明崩潰，島民因此滅絕。

北極海航線

幾個世紀以來，歐洲冒險家前仆後繼地想找出能直通歐洲與亞洲的運輸路線，以節省大量的時間和金錢，結果發現所有的路線都是迂迴繞道的。向東走，從地中海穿過蘇伊士運河到紅海，再到印度洋、麻六甲海峽、南海，最後才能到東亞。向西走，通過大西洋，穿越巴拿馬運河抵達太平洋，橫渡整個太平洋後才到亞洲。

這些路線的缺點非常明顯，於是有人嘗試穿越北極海抵達亞洲是否可行，偉大的「尋找北極聖杯」冒險故事總是不曾間斷，但北極海航線幾乎是個遙不可及的夢，因北極海覆蓋著廣闊無垠與陸地相連的冰層，阻斷了所有可能的商業化航路。不過，全球暖化改變了這一切，急速融化的冰打開了許多好的、不好的和不知道好不好的可能。

北極海航線包括了臨近加拿大的西北航線（圖7），和臨近西伯利亞的東北航線，隨著未來油價的高昂、碳排放稅的徵收，這兩條航線早已引起各國的爭奪，美國、加拿大、挪威、丹麥（擁有格陵蘭島）和俄羅斯分別宣稱擁有航權，未來政治角力必然更加白熱化。

美國國會的一份調查報告發現，阿拉斯加有一百八十一個村莊受到暖化、侵蝕的威脅，使得少數民族的文化也面臨危機，例如海象群因海冰融化而轉移他處，使得以狩獵維生的因紐特人生活愈來愈困難，傳統生計面臨極大威脅。

15 那些乾旱的地方

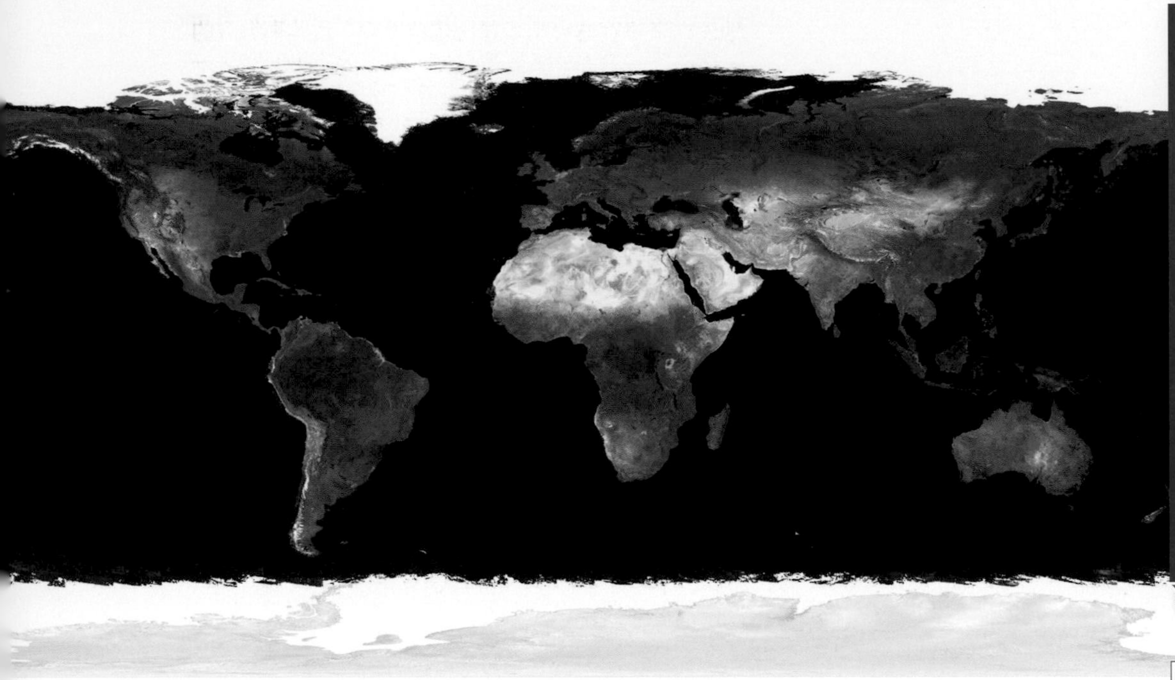

↑【圖 1】世界衛星影像上呈現四種主要色調，藍、綠、黃和白色，藍色是水體、綠色是植被、黃色是乾燥區域、白色是冰雪之地。

打開全世界的衛星影像，可以看到四種主要色調，包括了藍色、綠色、黃色和白色（圖1），這些色調的不同，很明顯地顯示了氣溫和降水在全球的不均勻分布，綠色反映了茂密的植被覆蓋，白色顯示了冰天雪地，而黃色則是一片降雨稀少的乾旱地域。到底是什麼樣的因素，導致了黃色區域降水量稀少呢？

世界第一乾

世界各地乾旱的情況為何不同，我們先來看看全世界最乾燥的地方——亞他加馬 (Atacama) 沙漠，這裡到底有多乾旱呢？亞他加馬沙漠部分氣象站竟然從設立至今未曾接收到降水紀錄。若是有人從小住在這些氣象站旁邊，真的可能一輩子沒經歷過什麼是下雨天。

科里奧利力（Coriolis effect），簡稱「科氏力」

地球在高緯度的自轉半徑比低緯度短，因此高緯度的一圈緯線長度也比低緯度的短，但是旋轉周期卻是一樣（一天），所以低緯度的自轉速度就比高緯度來得快。當一個物體在移動時，這種速度差會令物體偏向，在北半球會朝運動方向的右手邊偏移，南半球則是朝著運動方向的左手邊偏移。

智利的安托法加斯塔（Antofagasta）地區每年僅有一公釐的降水量，夠乾了吧！因為實在太乾燥，土壤中易溶於水的硝酸鈉就大量存在於亞他加馬沙漠中，而全世界最大的天然硝石礦場就在亞他加馬沙漠北部。

第一次世界大戰時，德國為了戰爭的需求，發明了利用氨來人工合成硝酸鈉，亞他加馬沙漠的天然硝石生產就變得無足輕重。還好如此極端乾燥的環境景觀仍有其無可替代的價值，被許多電視、電影公司看上，拿來當作火星環境的場景，像是英國BBC公司所製作的電視影集《太空漫游》就是著名的例子。

亞他加馬沙漠為什麼這麼乾燥呢？沙漠旁不就是一片汪洋大海嗎？這麼多海水蒸發，難道一點水氣都降不到旁邊的陸地嗎？從緯度上來看，亞他加馬沙漠位在南緯三十度到十二度之間的沿海地帶，三十度附近屬於副熱帶高壓帶下沉氣流籠罩的地區，當空氣下沉時，空氣會增溫，此時空氣中的水氣不會凝結，也就不會形成雲，當然就不會下雨。

這樣乾燥的空氣從南緯三十度附近一路回吹到赤道，受到科氏力的影響，逐漸偏向運動方向的左手邊，形成行星風系的東南信風。亞他加馬沙漠的東側有高達四千多公尺、呈南北走向的安地斯（Andes）山脈，這一道巨大的高牆阻擋了東南信風帶來的水氣，使得位在背風側的亞他加馬沙漠得不到水氣的供輸而異常乾旱（圖2）。

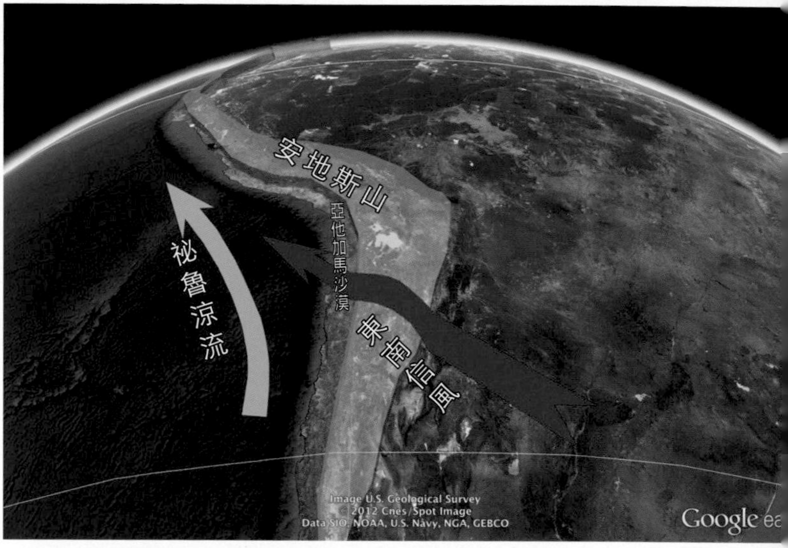

↑【圖 2】南緯三十度附近副熱帶高壓帶籠罩，加上背東南信風以及祕魯涼流的影響，造就出全世界最乾燥的亞他加馬沙漠。

亞他加馬沙漠西側的外海，有一股源自西風飄流、再由南向北流的祕魯涼流，南半球由南向北意味著從高緯度流向低緯度，所以是一股較冷的海水流進較暖的水域。這股溫度較低的洋流會使洋流上方的空氣降溫、密度增加，因而造成空氣下沉而穩定，水氣難以凝結成雲致雨，卻會凝結成濃霧。

當海風把霧氣吹向陸地時，仙人掌的尖針可以凝結這些霧氣成為一滴小水滴，而這些小水滴就成了亞他加馬沙漠狹長沿海地區珍貴的生命泉源。若沒有這些凝結的露水，亞他加馬沙漠必定是空無一物，成為生物無法存在的虛無之地，然而在蒸發強烈的沙漠中，這些生命泉源可是稍縱即逝的。

空曠的四分之一

若要問阿拉伯半島上什麼氣候最顯著，答案肯定是沙漠氣候！阿拉伯半島上最大的沙漠是哪個呢？它的名字叫做魯布哈利 (Rub Al Khali) 沙漠，阿拉伯語的意思是——空曠的四分之一，因為其沙漠面積占據了阿拉伯半島的四分之一。

從緯度來看，魯布哈利沙漠位在北緯三十度以內，屬於行星風系的東北信風帶，在一年三百六十五天天天吹東北風的條件下，整個沙漠呈現東北—西南走向，長度達到一千兩百公里，寬度則為六百四十公里，面積廣達六十五萬平方公里，相當於十八個臺灣這麼大，這麼大卻沒什麼人居住，有些地方甚至直到今天也沒人去過，因此有人稱之為「空虛地帶」。

在衛星影像顯示下的魯布哈利沙漠，呈現出紅色色調，這種紅色的調性也出現在許多地質上，例如丹霞地貌、磚紅土壤等。造成地殼的元素，前八項包括了氧、矽、鋁、鐵、鈣、鈉、鉀和鎂，其中鐵元素排在第四位，而鐵離子被氧化的顏色就是紅色。

魯布哈利沙漠顯示著紅色，就意味著沙漠中含有大量鐵離子，這一點與阿拉伯半島是個古老結晶岩地塊有關，這裡的地殼是在深層冷凝而成，由於金屬元素比重大，在地球冷凝的過程中，會往地球核心沉降；在地殼深層冷凝，意味著金屬元素含量的比例會偏高。

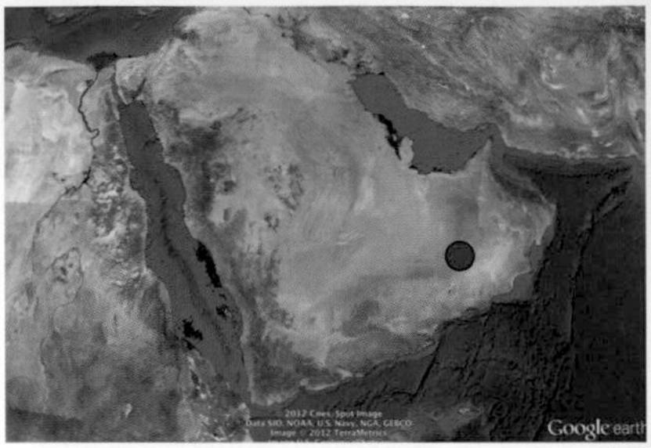

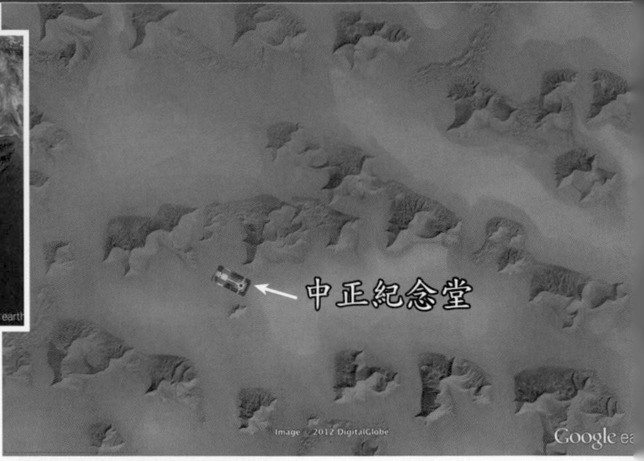

→【圖 3】獨立的星狀沙丘高度可達三十六層樓，每個沙丘面積都比中正紀念堂大上好幾倍。

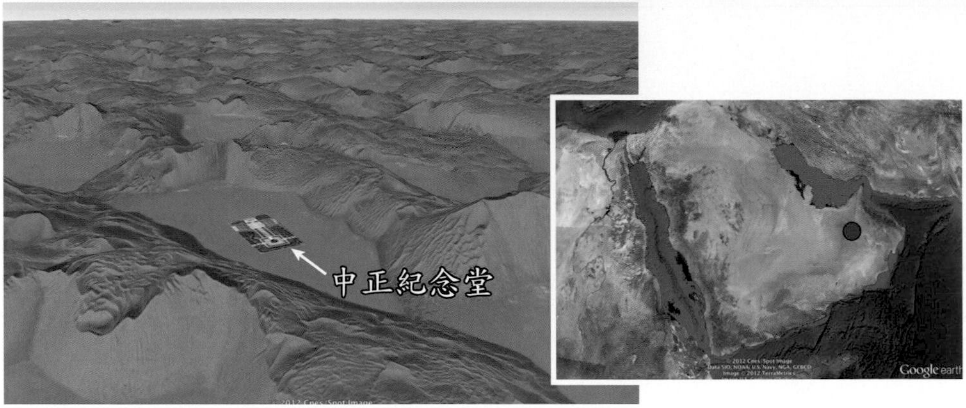

→【圖 4】星狀沙丘相互連結創造出巨大迷宮，以中正紀念堂當比例尺可看出這些迷宮的駭人規模。

⊕ 星狀沙丘

風與沙在乾燥環境下的結合，雕塑出一些令人嘆為觀止的奇異景象，在沙漠東緣分布著許多星狀沙丘。星狀沙丘形似金字塔，有個高尖的峰頂，從峰頂向四方延伸出三個或多個沙脊，兩脊之間則有陡峭的沙面，丘體高大，小型的也有五十公尺，其中一座星狀沙丘相對高度達一百零八公尺（圖3），相當於三十六層樓高。

星狀沙丘是受到多變風向的影響而逐漸成型，若繼續積累擴大而與周圍其他星狀沙丘相連，可就變成了天然巨型迷宮（圖4），走在這種地方不但要爬上爬下累死人，而且一坑一山又一坑的景觀連綿似無盡頭，再加上極端乾燥，真可說是終極殺陣。

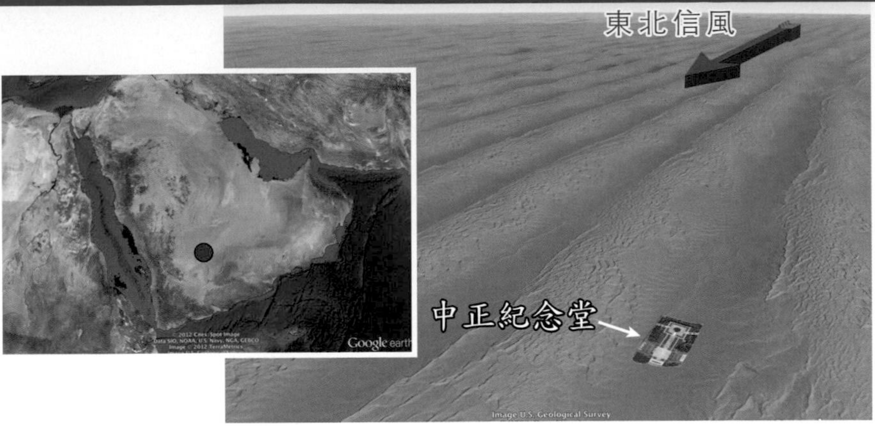

←【圖5】縱沙丘相對高度有二十層樓，長度可以綿延數百公里，受到東北信風的影響，呈現東北－西南走向。

縱沙丘

魯布哈利沙漠的西半部呈現出另一番驚人的畫面，這裡分布著巨大無比、排列整齊的縱沙丘，縱沙丘伸展的方向與東北信風一致，從高空看下來彷彿是大地之母伸手在這裡抓了一把（圖5）。

縱沙丘頂部與底部落差可達六十多公尺，想像一下站在寬度五百公尺左右的沙丘底部，兩側有相當二十層樓高的沙丘平行夾峙，極目遠望看不到峽谷的盡頭，耳中除了自己的呼吸，聽不到任何聲音，那會是種多麼渺小又巨大的孤寂感，想親身經歷嗎？代價極高！不只是金錢、時間、體力的付出，更有安全上的極高風險。在這個沙漠裡，夏天中午氣溫可達六十度，到了晚上卻下探十度以下，日夜溫差達到五十度，如果沒有飲水供應，一般人是無法活過三小時的。

營養補給帶

大風起時，經常把沙漠裡數百噸沙子颳到空中，這些沙塵暴順著風飄到很遠很遠的地方，千萬別小看了這些沙子，它們可是植物重要的營養來源之一。

打開地圖從魯布哈利沙漠開始，順著東北風慢慢轉成東風，這些沙子可以一路吹到非洲赤道附近的熱帶雨林，對於經常下雨沖刷土壤，使得地力不斷下降的雨林植物而言，來自阿拉伯的沙塵暴可是一條營養補給的輸送帶呀！

世界第一大

世界上最有名的沙漠當屬撒哈拉 (Sahara) 沙漠，它是世界上最大的熱帶沙漠、第三大的荒漠（僅次於南、北極），大到可以塞進兩百六十一個臺灣，約略和美國或中國一樣大，卻只占了非洲的三分之一面積。

這裡養活不了太多人，大約只能餵養一個臺北市的人口，因為這裡的氣候條件實在極其惡劣。

乾濕撒哈拉

「撒哈拉」一詞的原意就是沙漠，雖然名稱叫做「沙漠」，實際上撒哈拉沙漠絕大部分是岩石覆蓋的荒漠，只有較小的部分是沙丘所覆蓋。在最近一次冰河期間，撒哈拉沙漠的範圍比現今更加廣大，向南超過了今之沙漠邊界，冰河期的低溫使得接近赤道的大氣環流圈的動能減少，接近赤道的上升熱空氣到了緯度二十度就沉降了下來，沉降的空氣因增溫而無法凝結，卻把地面僅存的濕氣帶往赤道，所以導致了乾燥的情形。

大約在西元前八千年到西元前六千年冰河期結束，這時地球自轉的旋轉軸比

↑【照片 1】位在撒哈拉沙漠深處的岩壁上，留有三萬多幅各式壁畫，這是謎樣般的人類所留下來的精采文明。

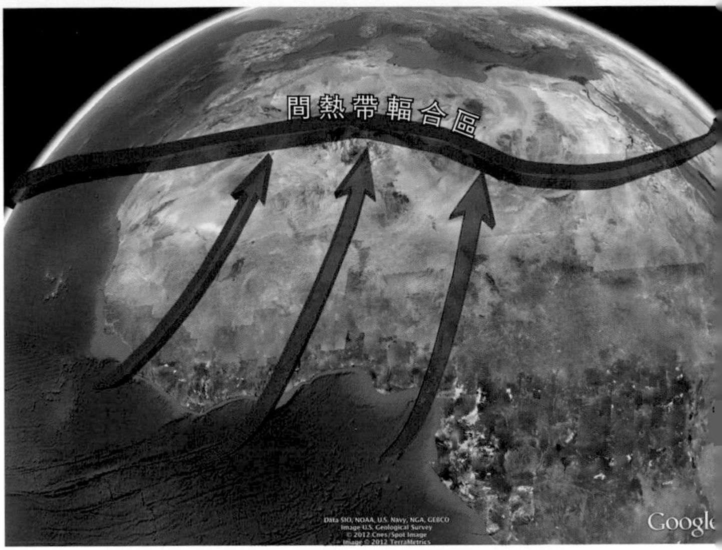

↑【圖 6】地球自轉軸曾比今日更為傾斜，太陽直射點高於今日的回歸線（二十三．五度），因而間熱帶輻射區（紅色帶狀）的位置也比今日上移，導致撒哈拉沙漠的南部大半成為半乾燥的熱帶莽原氣候，在潮濕撒哈拉期間，孕育出一些神祕的文明。

今日的二十三點五度更加傾斜，太陽在夏季雖然會給撒哈拉沙漠更多輻射熱能，卻從海上引來大量的降水，此時的撒哈拉有更大面積屬於熱帶莽原氣候，這樣的潮濕撒哈拉一直持續到西元前四千二百年（圖6）。

一八五〇年，德國探險家無意中發現了撒哈拉沙漠中的岩石壁畫，自此撒哈拉壁畫就像磁鐵般，吸引無數科學家前仆後繼地深入沙漠探索，其後又陸續有人在沙漠各處發現壁畫，目前共計有三萬多幅，其中一半在阿爾及利亞南部。

我們可以從撒哈拉沙漠的岩石壁畫中看到當時人們的生活方式、舞蹈的模樣和服飾的剪影，以及當時擁有的生物和家畜，例如鱷魚、長頸鹿、牛和羊群（照片1），壁畫上甚至還有文字——這可是一項了不起的文明發展，全世界的語言很多，而文字的發展卻相對較少。

全世界到底有多少種語言呢？實在不容易算得清楚，目前比較精準的數字大約是六千八百零九種，那麼全世界有多少種文字呢？《聖

→【圖 7】庫西山頂有個巨大的火山口，火山口內緣直徑約十二公里，巨大的火山口中重疊著更多較小的火山口，大火山口的最高點到火山口內的最低點，落差達到七百六十二公尺，相當於兩百五十四層樓高度，臺北一〇一放在火山口的最低點就像是一根小牙籤一樣。

經》譯本倒是個很好的參考數字，到西元二〇〇〇年為止，總共有兩千一百九十七種譯本。

還有些科學家運用衛星掃瞄撒哈拉地區，雷達影像顯示沙子下方呈現巨大的古代河道系統，此影像再度引發眾多科學家前來實地考察研究，美國地質調查所研究員曾在古代河流旁邊，發現了數個營地痕跡和兩百五十萬年前的石斧。

高低撒哈拉

浩瀚無垠的撒哈拉沙漠，由西向東大致可分為三個區域，西部是位在東北信風尾端為沙子所掩蓋、沙丘連綿起伏的地區；中部則是高原和山地，例如阿爾及利亞南部由火山岩石所構成的阿哈加爾 (Ahaggar) 高原，高原平均海拔九百公尺，最高峰為塔哈特山 (Mount Tahat)，高度可達到三千零三公尺。

沙漠東部則同時擁有撒哈拉沙漠的最高點和最低點，最高點在提貝斯提 (Tibesti) 高原的庫西山 (Emi Koussi)（圖 7），這是一座高達三千四百四十五公尺的盾狀火山，最低點在埃及的蓋塔拉 (Qattara) 窪地，低到海平面以下一百三十三公尺。

是的，撒哈拉沙漠裡不全都是滿布沙子的地方，巨大的沙漠裡，除了孤寂還有高原、火山和窪地。

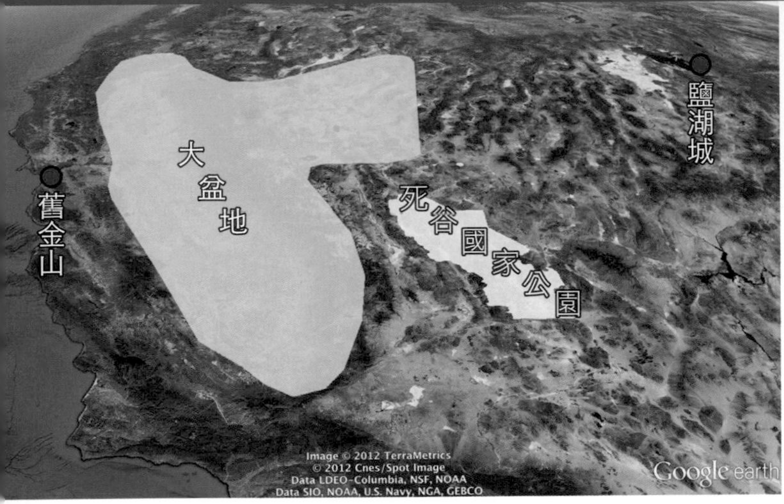

←【圖 8】前往加州和舊金山淘金的冒險者，以鹽湖城作為整補基地，向西前進通過大盆地（絕大部分為沙漠）抵達夢想之地，而死谷國家公園就位於大盆地東南側。

死亡之谷

美國西岸是太平洋板塊和北美洲板塊的衝撞地帶，幾億年下來，創造出美國西岸三道山脈，以及夾雜在山脈之間的高原和深谷，層層高山阻擋了太平洋輸送進來的水氣，造就了美國西部的廣大沙漠，而著名的「死谷」(Death Valley) 就坐落在大盆地的邊緣，莫哈韋 (Mojave) 沙漠的心臟地帶。

想要實地觀察地質的劇烈運動，體會形塑地殼的力量，死谷會是個絕佳的場所。死谷擁有海平面以下八十六公尺的全美海拔最低點，不遠處則有海拔四千四百一十八公尺全美最高點的惠特尼山 (Mount Whitney)，而到處裸露的破碎岩層切面，展示著歲月的叮嚀和大自然的印記，等著人們以短暫的生命去換取億萬年的智慧。

一九九四年，美國國會將死谷規劃為國家公園，面積廣達七千八百平方公里，相當於基隆、臺北、新竹加上宜蘭的總面積。除了阿拉斯加以外，死谷國家公園是全美最大的國家公園。

「死谷」這個名字實在很哀傷，實際上，名字背後確實是有段傷心往事；自從一八四九年在加州發現黃金之後，就揭開了一冊淘金狂潮的書頁，淘金客以鹽湖城為基地，穿越大盆地周遭層層的山巒與盆地中的沙漠，前往夢想之地——加州（圖8）。其中一支車隊錯

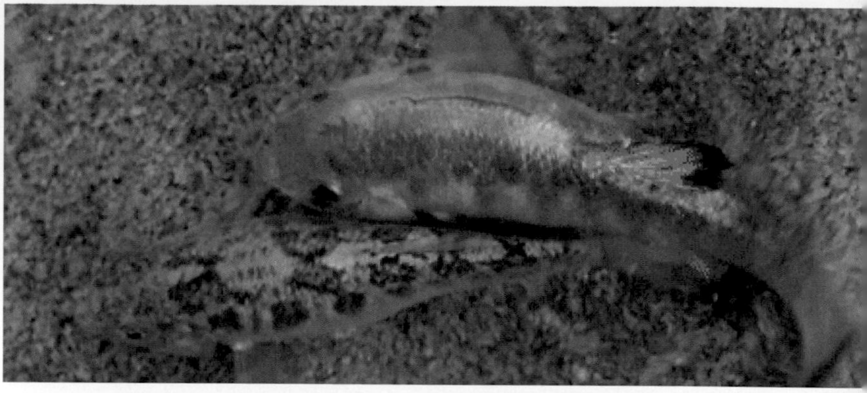

↑【照片 2】死谷裡有花不稀奇，有魚就厲害了吧！在春天的時候，死谷中魔鬼洞穴裡就會看到這種特別的魚（當地人稱之為 pupfish）正在交配。

↑【照片 3】死谷乾裂的地面上開著如此可愛的小花，名字很直白，就叫做五點花。

過了穿越時機（冬天大雪封山），決定硬闖一條傳言中的捷徑，結果部分人葬送在綿延無止境的嚴苛沙漠之中。

然而，「死谷」真的毫無生機嗎？

生命自有出路

雖然死谷曾經測到攝氏五十六度高溫，平均年降雨量小於五十公釐（低於兩百公釐就算沙漠），甚至有些地方多年都沒有下過雨，幾乎呈現乾旱的狀態，但死谷裡卻神奇地擁有超過一千種植物，其中五十種是世界其他地方都找不到的特有種。

環境是嚴峻的，世界是殘酷的，有些植物的根深入地下的深度會超過十個人的身高，莖、葉特別演化成能減少水分喪失的形態；野生動物也學會了如何獲取珍貴的熱量（進食），以及在夜間活動以避開致命性氣溫；而較大型的動物則移到海拔較高、較冷的山上（體型愈大散熱效能愈差），例如沙漠大角羊。死谷裡雖然蒸發量是降水量的七十五倍，卻依然看得到魚，例如 pupfish（照片2）、食蚊魚。

此處雖名為死谷，卻可以看到精采豐富的各式景觀，有白雪覆蓋的山峰，有崎嶇蜿蜒的峽谷，還有美麗多樣的沙丘；甚至秋季某一天，一陣降雨過後，一片死寂的地表立刻上演「生命自有

←【照片 4】死谷西北有處地名叫做 Racetrack Playa，直譯為「賽車場海灘」，這裡許多石塊彷彿賽車似地移動，在地上留下了移動的軌跡。

出路」的動感大戲，一大堆植物紛紛從地下冒出地表，發芽、成長、開花一氣呵成（照片3），絕不拖泥帶水，就像是變戲法般把沙漠變成一個大花園。

⊕ 會行走的石頭

死谷的西北方有個賽馬場，這賽馬場沒有騎士，甚至沒有馬！有的只是個長四．五公里、寬兩公里、幾近水平的「海灘」。這裡說的幾近水平，可不是個隨便的形容詞，長四．五公里的長軸兩端，高度差竟然只有四公分。

到了「海灘」當然看不到海，那為何要叫做海灘呢？大雨期間，水從周遭的山上沖刷而下，形成深度極淺、壽命極短的內流湖，緊接著強烈的陽光使得這一層薄薄的水迅速蒸發消失，留下一層軟軟的泥層，繼續蒸發導致泥層乾燥收縮龜裂，最後地表呈現的是一幅多邊形環環相連的圖案。

最奇妙而詭異的事情莫過於在極盡荒蕪之地中，看到一塊孤單的石塊自由地航行（照片4）。對於這種莫名的現象，有幾種推論：

第一種推論認為在冬季每小時一百四十四公里的強風下，若是降下足夠讓黏土濕滑的雨水，那麼石塊就可以御風而行。第二種推論則是認為夜間氣溫降至冰點時，地面所形成的一層薄冰將可減少摩擦力，利於石塊滑行。最新的一種推論認為在石塊與地面接觸的周圍所形成的冰環，在地下水位上升時會讓摩擦係數達到最小，小到輕輕微風都可以推動石塊。

深埋在死谷的故事

毫不意外地，最早在死谷裡活動的人類是北美洲原住民印第安人（肖肖尼族），然而死谷的歷史紀錄裡，竟然還有令人意想不到的中國人和日本人！為了開採銀礦和硼砂，中國人曾被蛇頭（非法移民販子）拐騙到美洲充當堪比奴隸的華工（大多為客家人）。

華工們在各個礦區做苦工，甚至建造了橫跨美國的太平洋鐵路，而在死谷裡，華工建造了巴拿明特市（**Panamint**）。最繁榮時，這個城市有兩千人，但是隨著礦產量銳減，逐漸人去樓空，如今已是個有名的景點——鬼城。

日本偷襲珍珠港之後，住在美國的日本人受到池魚之殃，當時美國經常發生要打死日裔美國人的騷動事件。一九四二年，美國政府將十一萬日裔美國人遷移並拘留在死谷裡，一方面是為了他們的安全，另一方面也是不信任他們，擔心他們會成為間諜。

看似死寂的死谷不但有多樣性植物、意想不到的生物，更有不為人知的華工血淚史和無奈日裔美國人的不堪回憶。

圖片來源一覽表

頁碼	圖片	出處
31	照片 1	http://wwwuqufucom/uploadfile/2010/0112/20100112092157115jpg
33	照片 2	http://s2sinaimgcn/orignal/4e6ea661t7315e9fc3b11&690
68	圖 8 右圖	http://www.panoramio.com/photo/23859574?source=wapi&referrer=kh.google.com
91	照片 1	http://www.kagyumonlam.org/Chinese/News/27th_KMC_Tormas.html
92	照片 2	http://baike.baidu.com/albums/67586/67586/1/3448094.html#3448094$0d968f2376ccd42bad34dea6
119	照片 1	行政院環境保護署網站
127	照片 2	http://zh.wikipedia.org/wiki/File:Agni_V_Launch.jpg
130	照片 4	http://static.panoramio.com/photos/1920x1280/53839178.jpg
134	圖 1 右下圖	http://www.panoramio.com/photo_explorer#view=photo&position=1&with_photo_id=39738865&order=
154	圖 1	http://oceancolor.gsfc.nasa.gov/SeaWiFS/IMAGES/seawifs_biosphere_70W_anniversary.jpg
159	照片 1	http://farm6.static.flickr.com/5265/5637422810_2e72f08be9_o.png
164	圖 5	http://www.climatewatch.noaa.gov/wp-content/uploads/2012/12/GCHN_nov2012_lrg.jpg
165	圖 6	http://www.climatewatch.noaa.gov/wp-content/
177	照片 1	http://img.posterlounge.de/images/wbig/frans-lemmens-prehistoric-rock-art-paintings-akakus-acacus-national-park-sahara-desert-72277.jpg
180	照片 2	http://www.nps.gov/deva/naturescience/fish.htm
180	照片 3	http://www.newhua.com/2012/0802/170983_18.shtml
181	照片 4	http://upload.wikimedia.org/wikipedia/commons/8/82/Runningrock2.jpg

其餘圖片版權均為 Google Earth 所有。

LEARN系列 015

用Google Earth穿越古今：地理課沒教的事2

作　者—廖振順
主　編—顏少鵬
責任編輯—邱憶伶
責任企畫—吳宜臻
美術設計—我我設計工作室 wowo.design@gmail.com
繪　圖—洪冠至

董 事 長—趙政岷
出 版 者—時報文化出版企業股份有限公司
一〇八〇一九臺北市和平西路三段二四〇號三樓
發行專線：（〇二）二三〇六—六八四二
讀者服務專線：〇八〇〇二三一七〇五・（〇二）二三〇四—七一〇三
讀者服務傳真：（〇二）二三〇四—六八五八
郵撥：一九三四四七二四時報文化出版公司
信箱：一〇八九九台北華江橋郵局第九十九信箱
時報悅讀網—http://www.readingtimes.com.tw
電子郵件信箱—newstudy@readingtimes.com.tw
時報出版愛讀者粉絲團—http://www.facebook.com/readingtimes.2
法律顧問—理律法律事務所陳長文律師、李念祖律師
印　刷—和楹彩色印刷有限公司
初版一刷—二〇一三年三月二十九日
初版五刷—二〇二一年三月二十六日
定　價—新臺幣三三〇元

時報文化出版公司成立於一九七五年，
並於一九九九年股票上櫃公開發行，於二〇〇八年脫離中時集團非屬旺中，
以「尊重智慧與創意的文化事業」為信念。

用Google Earth穿越古今：地理課沒教的事2／廖振順著.
--初版. --臺北市：時報文化，2013.03
面；　公分. --（Learn系列；15）
ISBN 978-957-13-5745-4（平裝）
1.世界地理
716　　102004551

ISBN：978-957-13-5745-4

Printed in Taiwan